Parapsychologie
Telepathie, Hellsehen, Geister, Geisterscheinungen, Gedankenlesen, Leben nach dem Tod

Heinz Duthel

ISBN 9783739240183 www.bod.de

Herstellung und Verlag: BoD - Books on Demand, Norderstedt

Außersinnliche Wahrnehmungen haben eine lange Tradition

Geister und Kontakt zu Verstorbenen,
ist das möglich ...

Auch wenn wir unseren Kindern gern erzählen, dass es keine Geister, Monster und ähnlich schreckliche Phänomene gibt und wir selbst, als rational denkende Menschen deren Existenz ausschließen, es gibt sie, wenn man dran glaubt.

Sie sind dann Bestandteil der eigenen Realität. Wer keine Angst hat, lebt damit im "guten Einvernehmen". Erst die Horrorgeschichten, die man hört oder liest und für sich übernimmt, machen diese Phänomene zum Problem.

Daher lohnt es sich, den vielen falschen Darstellungen, Meinungen und den damit verbundenen Ängsten auf den Grund zu gehen. Gerade Kinder sind "empfänglich" für solche Wahrnehmungen, es ist deshalb wichtig, ihnen zu erklären, was da "ist" und weder durch Leugnen noch durch Förderung der Angst ihre Unsicherheit zu verschlimmern.

Soviel vorweg: Die Angst entsteht durch das Unbekannte. Wer die Hintergründe kennt, kann angsfrei damit umgehen. Es gibt nichts zu fürchten.
Fangen wir einmal mit der "harmlosesten" Variante an. Oft wird von Hinterbliebenen berichtet, dass gerade Verstorbene sich in irgendeiner Form bemerkbar machen. Ist das Einbildung, Wunschdenken oder Wirklichkeit

Die Antwort ist hier nicht eindeutig zu geben.

Kontakt erfordert in jedem Fall Resonanz, jemand der nicht an Kontaktmöglichkeiten glaubt, wird nichts bemerken. Der beiderseitige Wunsch ist ein Gleichklang, der notwendig ist, damit Botschaften aufgenommen und verstanden werden. Wirklich - im Sinne von "Wirken" - ist für uns alles, was uns bewegt.

Wir sind die Schöpfer unserer Realität. So kann es auch vorkommen, dass wir Dinge wahrnehmen, die für uns wirklich sind, aber eben nur für uns. Seelenbeziehungen sind sehr "persönlich", auch wenn eine der Seelen gerade nicht körperlich existiert. Es kann aber auch sein, dass unsere Intuition uns fehlleitet. und dass wir in Ereignisse oder Dinge etwas hineininterpretieren, weil unsere Unfähigkeit, mit den Geschehnissen umzugehen uns übermannt. Ein balancierter Gemütszustand, ohne Drängen, ohne ein Mangelgefühl ist für einen Kontakt besser als Wehklagen und Verzweiflung.
Trauer über einen Verlust bringt uns in eine emotionale Schwingung allein dadurch, dass wir an den Verstorbenen denken, an Erlebnisse mit ihm, an offene Fragen, die man vielleicht gern gestellt hätte, an Dinge, die man vielleicht noch gern gesagt hätte. Oft ist es die Frage nach dem "warum" und "geht es ihm auch gut"
Der Prozess des Loslassens betrifft aber beide Seiten. Er ist Teil des Übergangs der Seele in die nicht-physische Existenz und sie hat daher oft noch den Wunsch, sich zu "vergewissern", dass alles in Ordnung ist. Man muss auch im Leben mit einer

Lebensphase abgeschlossen haben, um wirklich eine neue beginnen zu können.

Wenn es zu einem Kontakt kommt - das kann im Traum geschehen, es können "Zeichen" sein, die uns etwas vermitteln wollen oder auch nur das Gefühl, dass wir eine Nachricht in unseren Gedanken empfangen - dann ist es wichtig, dem Verstorbenen zu vermitteln, dass er gehen darf, nämlich weitergehen auf seinem Weg, so wie wir auf unserem Weg weitergehen.

Wenn es schon zu Lebzeiten die Gelegenheit gab, sich auszutauschen über den Tod und was danach kommt, ist es für beide Seiten einfacher und der Übergang wird mit weniger Schmerzen, Trauer und Ängsten verbunden sein.

Ich habe irgendwo im Netz mal eine Liste der zehn wichtigsten Dinge gefunden, die die Seele eines Verstorbenen gern den Hinterbliebenen mitteilen möchte:

1. Sie sind nicht tot, nur in einem anderen Bewusstseinszustand.
2. Sie entschuldigen sich bei uns für die Schmerzen, die ihr körperlicher Tod verursacht hat. Es geht ihnen gut
3. Es gibt keine solche Sachen wie den Teufel oder die Hölle.
4. Sie waren bereit zu gehen, als sie gingen.
5. Du bist nicht bereit.
6. Sie haben schließlich verstanden, was ihnen hier fehlte.

7. Nichts kann Dich vorbereiten auf die Schönheit des Momentes Ihrer Ankunft.
8. Auch wenn Ihr das jetzt noch nicht versteht, aber das Leben ist überaus fair.
9. Ihre Haustiere sind hier genau so verrückt, brillant und liebevoll, wie sie dort waren.
10. Im Leben geht es wirklich nur um die Liebe, aber nicht nur darum die zu lieben, die euch auch lieben ...

Diese Liste ist nicht "amtlich" oder sonstwie abgesegnet. Sie spiegelt für mich aber gut den Kern, um den es beim Kontakt mit Verstorbenen geht: Es ist alles gut, wie es ist.
Es gibt auch Seelen, die sich schwertun, die physische Existenz zu verlassen. Junge unerfahrene Seelen brauchen schon mal länger, um den "Weg ins Licht" zu finden, wie man immer so schön sagt und wie es auch schon in Fernsehserien dargestellt wurde. Auch hier gilt, es wird nicht gedrängt, die Zeit, die gebraucht wird, steht zur Verfügung. Die Seelenfamilie und Seelenführer werden unterstützen, aber nie eingreifen.
Seelen, die sich noch nicht vollständig von der physischen Existenz gelöst haben, aber nicht mehr im physischen Körper sind, befinden sich noch in ihrem Prozess der Rückschau auf ihr letztes Leben. Bevor dieser Prozess nicht abgeschlossen ist, kann das Seelenfragment sich nicht wieder mit der Essenz verbinden. Nur verarbeitete Erlebnisse und Erkenntnisse werden in die Essenz integriert.
Seelenfragmente in dem eben beschriebenen Zustand befinden sich auf der untersten Stufe der astralen

Ebene. Ihre Versuche, sich mit der physischen Welt in Verbindung zu setzen kann die verschiedensten Formen annehmen. Sie suchen Hilfe und "geistern" im wahrsten Sinne des Wortes herum.

Poltergeister suchen Aufmerksamkeit durch Lärm, ihre Energie reicht dazu gerade noch aus. Oft fühlen sie sich an einen Ort gebunden, der für sie im Leben Bedeutung hatte. Dort "spuken" sie herum.

Besessenheit, Heimsuchung oder Verfolgung durch Geister sind Begriffe, die durch unsere Angst gekennzeichnet sind. Es sind ganz persönliche Erfahrungen, die andere nicht wahrnehmen und uns daher auch oft nicht glauben. Die eigene Wahrnehmung als "negativ" und entsprechende Nomenklatur beruht auf einseitigen Erklärungsversuchen. Der Versuch, Phänomene zu erklären, die man sich nicht erklären kann, läßt uns leicht in die Angstfalle rutschen. Unsicherheit und Hilflosigkeit können Angst machen.

Was steckt dahinter

Es sind "Hilfeschreie" sogenannter verlorener Seelen, die durch "Anhaftung" an die Körperlichkeit anderer Seelen zum Ausdruck kommt. Sie sind natürlich nicht verloren, sondern sie befinden sich in einem energetisch schwachen Zustand, weil sie nicht mehr körperlich sind und noch nicht den Weg zurück auf die astrale Ebene gefunden haben. Dieser Zustand macht sie hilflos. Im positiven Sinne bedeutet das, sie können uns nicht verletzen, sie haben keine Macht über uns, wir brauchen keine Angst haben. Im negativen Sinn suchen sie, von uns Energie zu bekommen, uns zu benutzen. Es kommt aber nur zu einer Anhaftung, wenn wir es erlauben. Eine Erlaubnis wird dabei nicht "bewusst" erteilt, sondern entweder aus Angst oder aus Mitleid (dazu komme ich später) unbewusst vermittelt. Beide Varianten lassen einen Energiefluss zu.

Es sind also Phänomene, die unterstützt werden müssen durch den Glauben der betroffenen Personen. Allein durch die eigene Energie ist das "Geistern" von Verstorbenen in unserer Wahrnehmung nicht möglich. Sie bekommen die notwendige Energie durch die Personen, an die sie sich anhaften, nur dann, wenn diese dazu bereit sind. Menschen, die an Geister glauben, sind anfällig für Geistererscheinungen. Menschen, die nicht daran glauben, werden nie in die Situation kommen, Geister zu sehen oder zu erleben. Sie würden jeden Versuch "wegrationalisieren".

Die beste Strategie, Personen zu helfen, die Spuk erleben oder sich von Geistern verfolgt fühlen, ist es, ihnen klarzumachen, dass ohne ihre Erlaubnis (auch unbewusst, durch daran glauben) kein Geist Macht über sie haben kann. Aufklärung ist hier notwendig, wird aber oft schwerfallen.

Exorzisten machen nichts anderes. Sie treiben keinen Geist aus, sie vermitteln aber den betroffenen Personen durch ein Ritual das Gefühl, dass sie befreit werden. Der Glaube daran allein stoppt schon den Energiefluß und damit die Anhaftung. Mit unseren Glaubenssätzen und unseren Gedanken schaffen wir unsere Realität, positiv wie negativ.

Kommen wir zurück zur "Mitleidsvariante". Wie können wir einer Seele helfen, sich von der physischen Welt zu lösen und den Weg zurück zur Astralebene zu finden

"Unerlöste" Seelen - so werden sie auch gern genannt - können sich nur selbst erlösen. Es bedarf keines Erlösungsaktes durch uns. Wir können andere Seelen nur unterstützen, ihren Weg selbst zu finden, indem wir Wege aufzeigen. Gehen muss jede Seele ihren eigenen Weg selbst. Es bleibt ihre Wahl und Entscheidung.
Wenn eine Seele "zwischen den Welten" unsere Hilfe sucht und durch Gedanken und Gefühle versucht, unsere Aufmerksamkeit zu bekommen ist es ebenfalls wichtig, sich klarzumachen, dass es keinen Grund für Ängstlichkeit gibt. Die Stärke liegt bei uns.

Die meisten Menschen sind nicht in der Lage, selbst "Kontakt", im Sinne von Kommunikation zu einer anderen, nicht physischen Seele, herzustellen. Es ist eine Frage der Anpassung von Sender- und Empfängerfrequenz, wie beim Channeling auch. Man kann es versuchen, indem man gedanklich auffordert, "ins Licht zu gehen", nur ohne die Ursachen der "Blockade" zu kennen, ist keine weitere Hilfestellung möglich.

Mit Hilfe eines qualifizierten Hypnotiseurs kann es möglich sein, den Grund für eine Anhaftung einer anderen Seele zu ermitteln. Mit hoher Wahrscheinlichkeit gibt es zwischen den beiden Seelen eine seelische Verbindung. In Rückführungen kann man das herausfinden. Guten Therapeuten, mit einer Ausbildung zur Rückführung in das "Leben zwischen den Leben", kann es auch gelingen, auf diesem Weg einen Dialog zu ermöglichen, der Umstände klärt und - auch unter Einbeziehung der Seelenführer - zu einer "Lösung" im wahrsten Sinne des Wortes führen kann.

Medial begabte Menschen - auch hier der Hinweis auf Qualifikation - sind unter Umständen ebenfalls in der Lage, durch sogenannte Seelenaufstellungen zur Aufhellung der Situation beizutragen. Ich habe damit keine eigenen Erfahrungen und möchte daher keine Empfehlung aussprechen. Als Fazit möchte ich festhalten, dass uns die Angst vor ungeklärten oder unerklärlichen Situationen oder Phänomenen immer zum Handeln (oder auch Nichthandeln) aus der falschen Persönlichkeit heraus verleitet. Durch die offene, angstfreie Beschäftigung mit unserer eigenen spirituellen Identität, können wir diese Ängste abbauen und für uns selbst den Weg zur inneren Mitte und zu liebevoller Begleitung von anderen Seelen finden.

Parapsychologie (Telepathie, Telekinese, Geister, Geisterscheinungen, Spuk, Leben nach dem Tode, Hellsehen, Gedankenlesen, außersinnliche Wahrnehmung, Präkognition, Psychokinese)

Aufzeichnungen über solche Außersinnlichen Wahrnehmungen (ASW) gab es bereits in der Antike. So berichtete der Geschichtsschreiber Philostratos von Athen, der Philosoph Apollonius von Tyana habe, in Ephesus weilend, den Tod des Kaisers Domitian vor seinem inneren Auge miterlebt und geschildert, wie jener zu diesem Zeitpunkt in Rom gemeuchelt wurde.

Geisterseher hat Brand vorhergesagt

Von dem schwedischen „Geisterseher" Swedenborg wird überliefert, er habe 1756 in einer Vision in Göteborg gesehen, wie am gleichen Abend der Stockholmer Stadtteil Södermalm in Flammen stand. Der deutsche Philosoph Immanuel Kant ließ diesen Bericht durch einen Freund in Schweden überprüfen. Dieser bestätigte die Begebenheit, doch Kant begegnete der Spökenkiekerei eher spöttisch. „Es ist zu allen Zeiten so gewesen und wird auch wohl künftighin so bleiben, daß gewisse widersinnige Dinge, selbst bei Vernünftigen Eingang finden, bloß darum, weil allgemein davon gesprochen wird", schrieb er in seinem Buch „Träume eines Geistersehers, erläutert durch Träume der Metaphysik".

Was ist also dran am Hellsehen und seiner unheimlichen Schwester, der Präkognition Letztere wird definiert als Fähigkeit, Informationen über zukünftige Ereignisse wahrzunehmen oder zu empfangen, bevor diese eintreten. Diese dürfen dabei nicht aus Begebenheiten der Vergangenheit oder Gegenwart extrapoliert werden können. Einfacher gesagt: Es geht darum, in die Zukunft zu schauen.

Hellseher dagegen nehmen über unbekannte Kanäle oder Mittel Ereignisse wahr, die sich an entfernten Orten abspielen. Davon abgegrenzt ist das Wahrsagen. Hier trifft eine Person Aussagen über die persönliche Situation eines anderen Menschen,

erfasst dessen Lebensweise und erstellt Prognosen über dessen künftiges Leben.
Ist die Hellseherei eine besondere Gabe

Wie bei den meisten Psi-Phänomenen ist die Bevölkerung gespalten in Skeptiker, die nicht an ASW glauben, und Leute, die von der Existenz einer unbegreiflichen Welt jenseits aller Schulweisheit überzeugt sind. Sie führen Erlebnisse an, die viele Menschen auch aus ihrem persönlichen Umfeld kennen: Eine Mutter spürt, dass ihr Kind verunglückt ist, oder eine Zwillingsschwester weiß, dass es der anderen, die weit entfernt lebt, nicht gut geht. Damit wird das Hellsehen zu einer Spielart der Telepathie, bei der Bewusstseinsinhalte über größere Entfernungen zu einem Empfänger übertragen werden.

Auch hier scheint es so, als ob es sich – wie bei der Telepathie – um eine Gabe handelt, die nur selten in Erscheinung tritt und sich auch nicht einüben lässt – auch wenn zahllose Angebote, die vor allem im Internet kursieren, etwas anderes behaupten.

„Echte Hellseher haben (vermutlich) einmal oder mehrfach in ihrem Leben ein sogenanntes subjektives paranormales Erlebnis gehabt, bei dem sie ihre Fähigkeit oder Gabe glaubten entdeckt zu haben", erklärt der Physiker Walter von Lucadou, der die Parapsychologische Beratungsstelle in Freiburg leitet. „Subjektive paranormale Erlebnisse sind Erlebnisse, die der Betreffende in sein bisheriges Weltbild nicht einordnen kann. Es kann sich dabei durchaus um ein normales Ereignis handeln, von dem der Betreffende lediglich glaubt, es sei paranormal."

Selbst Ahnungen und Träume, die sich später bewahrheiten, brauchen keineswegs paranormal zu sein, entscheidend sei jedoch, dass sie als solches erlebt werden, so Lucadou weiter. Häufig werde die Medialität einer Person auch von einem anderen Hellseher entdeckt, der dann eine Zeitlang als Mentor fungiert.

Hierbei handelt es sich wörtlich übersetzt um die "Lehre und wissenschaftliche Erforschung außersinnlicher psychischer Erscheinungen". Hauptsächlich geht es um Erforschung von Phänomenen wie Telekinese, Telepathie, Hellsehen und Gedankenlesen. Die Parapsychologie existiert seit insgesamt mehr als 120 Jahren. Sie kam also nicht wie vieles andere im Zuge der Esoterik- und New-Age-Welle seit den 1980er Jahren auf. Sie versteht sich selbst als wissenschaftlichen Forschungszweig, auch wenn ihr von der wissenschaftlichen Gemeinde die Wissenschaftlichkeit aberkannt wird, da aufgrund der Natur ihres Forschungsgebietes Versuche zu selten wiederholbar sind und es daher zu wenige methodisch abgesicherte empirische Untersuchungen und Daten gibt, die verlässliche neue Erkenntnisse hervorbringen können. Daher wird die Parapsychologie als "Pseudowissenschaft" bezeichnet; die wissenschaftliche Gemeinde sieht die Gegenstände parapsychologischer Forschung als unbewiesen an. Die Prarapsychologie versucht eine möglichst methodische Erforschung derjenigen Phänomene und psychischen Fähigkeiten des Menschen, die ihrer Auffassung nach außerhalb des normalen Wachbewusstseins liegen. Daher fällt auch die Erforschung des Lebens nach dem Tode (insbesondere durch Auswertung von Nahtod-Erfahrungen) in den Bereich der Parapsychologie. Weitere Forschungsgebiete sind außersinnliche Wahrnehmungen, Psychokinese, Geisterscheinungen (Spuk), Präkognition und Psychokinese. Die einen fänden es spannend, für die anderen wäre es ein Alptraum – der Blick in die Zukunft beschäftigt die Menschheit seit jeher. Manche glauben, diese besondere Begabung zu haben. Forscher haben versucht, Beweise dafür zu finden. Das weiß man heute über die rätselhaften Phänomene.

Channeling,
und andere Offenbarungen ...

Channeling mag für einige etwas mit „bösen Geistern" und „schwarzer Magie" zu tun haben. Ich versuche hier das Thema etwas zu entmystifizieren.

Ich behaupte, wir alle channeln, ohne es zu wissen oder zu bemerken, kein Grund zur Aufregung.

Zwiesprache mit Gott im Gebet oder auch bei einem schönen Waldspaziergang ist eine Form von Channeling. Wir nehmen Kontakt auf zu "etwas", was nicht physisch im Raum ist und doch ist es anwesend und erreichbar. Das, was uns da antwortet, ist schwer zu fassen. Es ist letztlich aber auch gleichgültig, wenn es etwas ist, das uns hilft oder weiterbringt, wenn wir positive Energie spüren.

Trotzdem - schon an dieser Stelle - Vorsicht ist geboten. Auch unser Ego gibt uns Gedanken in den Sinn und nicht alle Wesenheiten, die "nicht von dieser Welt" sind, haben positive Intentionen.

Ausgehend von Nordamerika ist der Begriff „Channeling" seit den 70er Jahren des letzten Jahrhunderts auch im europäischen Sprachraum verbreitet worden. „Er ist ein gebräuchlicher Begriff aus der Esoterik, kommt aus dem Englischen und bedeutet wörtlich: Etwas durch einen Kanal zu empfangen, im Sinne von Kanal für die Mitteilungen von nicht menschlichen, geistigen Wesenheiten sein. Dabei tritt ein Medium als Kanal auf, durch das eine Wortbotschaft übermittelt wird. Diese medialen Personen befinden sich meistens in einer Form von selbst induzierter oder durch Dritte (Hypnose) eingeleiteter Trance. Diese Trance dient dazu, das eigene Ego, also das Wachbewusstsein, während der Übermittlung auszuschalten, auch wenn das nie 100%ig gelingt.

Grundsätzlich unterscheidet man zwei Arten von Channeling: Das gesprochene Channeling (automatisches Sprechen) und das geschriebene Channeling (automatisches Schreiben). Davon zu unterscheiden sind Visionen und auch Nahtoderlebnisse, die in der Regel bildhaft erfolgen. Aber auch in diesen Fällen dringt etwas in unser Bewusstsein durch eine Perspektive, die wir im Wachzustand nicht einnehmen können.

Als ich zum ersten Mal diesen Begriff hörte, war mir das Thema hochgradig suspekt. Kontakt mit Verstorbenen aufzunehmen oder mit anderen „Geistwesen", lag jenseits meiner Realität. Geister braucht man nur, um kleine Kinder zu verängstigen. Als junger Mann hatte ich einmal aus Neugier an einer so genannten Séance teilgenommen, kam aber trotz erstaunlicher „Offenbarungen" zu dem Ergebnis, dass das alles für mich unwirklich und unverständlich war und ... deshalb nicht richtig sein konnte. Der Realist in mir klärte das damals eindeutig: Was du nicht verstehst, kannst du bestenfalls glauben aber nicht wissen. Im Zweifel halte dich an das, was du weißt!

Noch während meiner Ausbildung zum Regressionshypnotiseur habe ich eine Seminarteilnehmerin, die bei der Vorstellungsrunde von ihren Channeling Erfahrungen berichtete, nur belächelt: Wieder so eine von den „Esoterik-Tanten".

Bei der Beschäftigung mit den Themen „Reinkarnation" und „Existenz der Seele" setzt man sich jedoch automatisch auch mit Fragen der Religion auseinander. Dabei wurde mir etwas klar:

Seit Anbeginn historischer Aufzeichnungen erfahren wir immer wieder von Menschen, die glaubten, Offenbarungen von „Außen" zu bekommen. Für die meisten kamen diese Offenbarungen von „Gott", sie hatten keine andere Erklärung dafür. Die Bibel ist sowohl im alten als auch im neuen Testament voll davon (Moses, Abraham, Johannes, Paulus etc.).

An Pfingsten wird von den Gläubigen die Ausschüttung oder auch die Entsendung des Heiligen Geistes gefeiert. Zu den Gaben des Heiligen Geistes gehört die Mitteilung von Weisheit, Vermittlung von Erkenntnis und prophetisches Reden. In Epheser 1,17 heißt es: "Der Gott Jesu Christi, unseres Herrn, der Vater der Herrlichkeit, gebe euch den Geist der Weisheit und Offenbarung, damit ihr ihn erkennt."

Das Pfingstgeschehen fand am jüdischen Fest Schawuot statt. Dieses Fest feiert die Offenbarung der Tora an das Volk Israel und gehört zu den Hauptfesten des Judentums.

Mohammed empfing den Koran - so glaubte er - vom Erzengel Gabriel. In Sure 2, 213 heißt es: "Das Menschengeschlecht war eine Gemeinde; dann erweckte Allah Propheten als Bringer froher Botschaft und als Warner und sandte hinab mit ihnen das Buch mit der Wahrheit, dass Er richte zwischen den Menschen in dem, worin sie uneins waren."

Das Buch Mormon wurde angeblich ebenfalls gechannelt. Die "abenteuerliche" Geschichte der Übermittlung läßt zumindest bei mir Zweifel aufkommen, ob es sich hier wirklich um eine Offenbarung handelt, der man trauen kann. Zweifeln ist erlaubt.

Auch nach Jesus, bis heute, gibt es zahlreiche historisch dokumentierte „Erscheinungen" und Offenbarungen von so genannten Heiligen, Gurus oder Meistern.

Nur ein Beispiel dafür ist Hildegard von Bingen. Hildegard hatte im Laufe ihres Lebens zahlreiche Visionen. 1141 erlebte sie eine Erscheinung, die sie, bei aller persönlichen Unsicherheit, als Auftrag Gottes verstand, ihre Erfahrungen aufzuzeichnen.
In den letzten 40 Jahren – im Zeitalter der New Age Bewegung – ist weltweit die Zahl der medial

übermittelten Botschaften regelrecht explodiert. Es sind ebenso zahllose Bücher darüber veröffentlicht worden, das Internet ist voll davon. Die modernen Kommunikationsmöglichkeiten haben dabei eine weite und schnelle Verbreitung begünstigt.

Channeling ist heute eine Fähigkeit, die aktiv genutzt wird. Heute erscheint meist kein "Engel" oder Wesenheit und sagt uns, dass er uns erwählt hat. Manchmal hat es so angefangen und es hat sich daraus eine regelmäßige Verbindung etabliert. Channeling kann man lernen, durch Übung verbessert sich die Qualität und Geschwindigkeit der Kommunikation. Die Verbindung kann jederzeit aktiv hergestellt werden, wenn sie einmal zustande gekommen ist. Es ist eine Zusammenarbeit von beiden Seiten erforderlich, die jedoch individuell ganz unterschiedlich sein kann.

Wenn ich eingangs sagte, wir channeln alle, meinte ich damit die Verbindung zu unserem "höheren Selbst", der Seelenessenz auf der astralen Ebene oder zu unserem Seelenführer. Wir bekommen alle Impulse von "dort" (nicht örtlich gemeint). Ungeübte bezeichnen das als "Eingebungen" von denen sie nicht wissen, woher sie stammen, die sie aber durchaus bedenken, weil sie "es" für einen "guten Gedanken" halten.

Viele Skeptiker tun jede Form von Channeling mit diversen Argumenten als Unsinn ab. Wenn man sich mit gechannelten Botschaften beschäftigt, stellt man schnell fest, dass es Widersprüche und Ungereimtheiten gibt. Channeln ist eben nicht wie Radio hören. Die "Empfänger" sind nicht standardisiert, wie ein Radioempfänger. Jeder Channel hat eine eigene Prägung und seine individuelle Weltanschauung. Das beeinflusst das Ergebnis. Niemand wird etwas channeln, dass seinem Weltbild, seiner Religion, seiner Auffassung widerspricht. Er würde es auch persönlich nicht akzeptieren, es gäbe für ihn keinen Sinn.

Verschiedene Channel ermitteln unterschiedliche Informationen zu bestimmten Themen. Jede gechannelte Information bedarf der Validierung, darauf weisen die Quellen der Channel immer wieder hin. Es gibt nicht nur eine Wahrheit, das sehen wir auch täglich hier in unserer physischen Welt. Ändern wir unsere Perspektive, ändert sich auch das Bild. Wahrheiten verändern sich, aber nur, wenn wir dafür aufgeschlossen sind, wenn sie sich aus unserer Sicht auch verändern dürfen. Das kann zu Unsicherheit führen, die Chance, ein umfassenderes Bild zu bekommen, ein weiteres Bewusstsein zu erreichen, ist es aber wert.
Deshalb ist es für mich erforderlich, neue Informationen – egal welchen Ursprungs – daraufhin zu prüfen, ob sie zu "meiner Wahrheit" zumindest auch einen Teil beitragen können.

Das Gleiche muss jeder für sich selbst tun, man kann zwar auch "blind glauben", aber das entspricht nicht mehr dem Geist unserer Zeit. Unsere heutige

Gesellschaft steht an der Schwelle vom jungen Seelenalter zum erwachsenen Seelenalter. Zur Zeit der alten Offenbarungen gab es überwiegend kindliche Seelen. In diesem seelischen Reifezustand möchte man Regeln folgen. Entsprechend sind die Offenbarungen damals als Regeln (Die 10 Gebote oder auch der Koran) übermittelt worden. Es wurde aufgefordert zu glauben und zu folgen.

Bei aller Unsicherheit und Unschärfe sind gechannelte Botschaften - meiner Meinung nach - heute doch immer wertvolle Denkanstöße. Es ist allerdings wichtig, persönlich zu validieren.

Diese Aufgabe nehme ich als "homo sapiens" gern auf mich. Als erstes prüfe ich die Informationen formal und dann inhaltlich:

Bei dieser Prüfung ist mir die Beantwortung folgender Fragen wichtig:

Ist das Medium nach menschlichem Ermessen vertrauenswürdig
Ist die Quelle nach menschlichem Ermessen vertrauenswürdig

Ein Medium ist zunächst auch ein Mensch und daher mit einem Ego behaftet und durch religiöse und kulturelle Prägungen beeinflusst. Abhängig von der Zeit und dem Umfeld einer gechannelten Botschaft und den Adressaten gibt es Unterschiede. Auch der seelische Reifegrad, das Seelenalter, ist von

Bedeutung. Diese Einflüsse sind nie ganz auszuschalten und es wird daher immer zu Fehlern in der Übermittlung führen.

Die möglichen Quellen von Botschaften sind vielfältig. Die Identifikation einer Quelle ist nie sicher möglich. Mit etwas Erfahrung gelingt es aber immer besser, die Spreu vom Weizen zu trennen.
Deshalb sind diese beiden Fragen nie eindeutig zu klären. Das steckt schon im Begriff „menschliches Ermessen". Es gibt also auch im besten Fall immer eine Restunsicherheit. Deshalb müssen weitere Fragen – hilfsweise - diese Unsicherheit weiter eingrenzen.

Ist Die Botschaft in sich widerspruchsfrei
Wird die Information – unabhängig - von anderer Seite „bestätigt"

Ideale Antwort: zweimal „ja", bei „jein" ist weitere Klärung erforderlich. Widersprüche, die wir sehen, können darauf basieren, dass wir eine andere Perspektive haben. Das gilt auch für unterschiedliche oder widersprüchliche Informationen von verschiedenen Channeln. Eine Botschaft aus dem Mittelalter hatte andere Adressaten als Botschaften von heute. Um überhaupt eine Chance zu haben, verstanden zu werden, werden Botschaften immer so ausgedrückt, dass der Empfänger - mit seinem Erkenntnisstand und seiner Reife - etwas damit anfangen kann. Ein Lehrer wird vor Grundschülern anders unterrichten, als vor Abiturienten. Vor Hundert Jahren war das Weltbild anders als heute.

„Muss" man etwas glauben (ansonsten droht Unheil) „Soll" man etwas glauben (dann gibt es Heilsversprechen) Stecken kommerzielle oder missionarisch-religiöse Interessen dahinter Ideale Antwort: dreimal „nein", sonst wittere ich für mich „Unrat", bin mir aber darüber im Klaren, dass diese "Taktik" bei anderen Adressaten erforderlich ist, um überhaupt Aufmerksamkeit zu erreichen.

Welche Absicht ist mit der Botschaft verbunden
Welche Konsequenzen ergeben sich aus der Botschaft

Wie passt die Botschaft zu meinem Verständnis von richtig oder falsch

Ideale Antwort: Positive (liebevolle) Intentionen, Auswirkungen und Passung. Ich möchte für mich erkennen können, ob die Informationen vorurteilsfrei und aus einer Positon von Akzeptanz gegeben werden. Botschaften können dabei durchaus unbequem sein. Sie sind dann besonders hilfreich.
Fazit: Auch nach dieser Prüfung bleibt eine „gesunde" Skepsis angebracht. Aber nichts ist statisch, alles fließt, keine Meinung ist endgültig. Die Entwicklung des Menschen und seiner Seele ist ein Prozess. Sackgassen, Fehler und Irrtümer gehören immer mit zum Lernen. Eine völlige Ablehnung oder Ausschluss der Möglichkeit von gechannelten Botschaften erscheint mir falsch zu sein. Die Annahme des Inhalts einer Botschaft zumindest als "Möglichkeit", bietet jedoch in gleicher Weise Chancen und Risiken. Jeder muss natürlich für sich entscheiden, ob etwas definitiv falsch, wahrscheinlich falsch, evtl. möglich, wahrscheinlich richtig oder auf jeden Fall richtig ist. Was heute definitiv richtig ist kann allerdings, zu einem späteren Zeitpunkt, auch definitiv falsch sein. Wir leben mit der Dimension "Zeit" hier auf der physischen Ebene.

Astrale Existenz ist der "Normalzustand" einer Seele. Hier geht es nicht um Beurteilung sondern um Selbsterkenntnis und Bewusstsein, nicht um Gegeneinander sondern um liebevolles Miteinander.

Eine Seelenessenz, "frisch gecastet", also fragmentiert aus ihrer Seelenfamilie, emfindet sich in der Gemeinschaft der anderen Mitglieder wie selbstverständlich als Teil davon. Zu Beginn geht es hier um das Bewusstsein, getrennt und doch vereint zu sein. Die ersten Erfahrungen ergeben sich durch das Miteinander auf der Astralebene in Lerngruppen.

Die Astralebene ist also ein "Lernort", wie die physische Ebene und die höheren Ebenen der Existenz auch. Der Aufenthalt zwischen jeder Inkarnation dient also neben den "normalen" Aufgaben insbesondere der Verarbeitung der Erfahrungen aus der letzten und der Planung der nächsten Inkarnation.

Jedes Mal entwirft die Seele mit Hilfe ihrer Familie und ihrer Seelenführer einen Lebensplan, der auf den vorangegangenen Inkarnationen aufbaut und so die Entwicklung fortsetzt.

Dann wird gelebt, d. h. die Seele erfährt wie es ist, in einem physischen Körper zu sein. Alle internen Monaden, von der Geburt bis zum Tod, sollen erfahren werden. Jede Monade ist wieder ein Übergang in eine neue Lebensphase. Manches Leben ist kürzer, manches endet abrupt, andere dauern - insbesondere heutzutage - bis ins hohe Lebensalter. Am Ende erfolgt wieder der Übergang auf die Astrale Ebene. Die Seele kehrt zurück nach Hause.

Die Rückkehr und der damit verbundene Übergang auf eine andere Ebene der Existenz erfolgt nicht immer gleich. Je nachdem, wie das Leben verlaufen ist, sind unterschiedliche Phasen zu absolvieren, bis

die Seele wieder ihre Lernaufgaben auf der astralen Ebene aufnimmt.
Der Zeitpunkt für die nächste Inkarnation ergibt sich aus der Entwicklung der Seele. Sie weiss, wann es soweit ist und wird erneut in den Prozess der Planung und der Abstimmung und Verabredungen mit anderen Seelen für ein neues Leben beginnen. Wieder werden Seelengefährten, Seelenkameraden und andere Mitglieder der eigenen Seelenfamilie und andere Seelenfamilien des gleichen Kaders in räumlicher Nähe mit inkarnieren und der oder die Seelenführer das Abenteuer Leben begleiten. Neue Aufgaben und Erfahrungen warten.
Hätten die Polizisten in Köln auf Gérard Croiset gehört, wäre Hanns-Martin Schleyer vielleicht am Leben geblieben. Ein Kommando der „Roten Armee Fraktion" hatte den Arbeitgeberpräsidenten im Herbst 1977 entführt. Die Fahndung nach Tätern und Opfer blieb fast zwei Wochen lang ohne Erfolg, da entschlossen sich die Ermittler zu einem ungewöhnlichen Schritt: Zwei von ihnen fuhren zu Croiset nach Utrecht. Der Niederländer war europaweit einer der bekanntesten Hellseher. Seine Spezialität war es, vermisste Personen aufzuspüren und so zu helfen, Verbrechen aufzuklären.

Inkarnation heißt "Fleischwerdung". Die Ursprünge der Vorstellung von Inkarnation reicht weit zurück in die Frühgeschichte. Es wurde zunächst die Fleischwerdung eines Gottes, die sich häufig in der Mythologie und verschiedenen Religionen findet, damit gemeint. Auch mit Jesus Christus ist diese Vorstellung bis heute verbunden.

Als Inkarnation bezeichnet Heinz Duthel die energetische oder schwingungsmäßige Transformation eines Fragments einer Seelenessenz in die Körperlichkeit der physischen Existenz. Diese Transformation ist mit einer Einschränkung des Bewusstseins verbunden, die der Dichte der physischen Existenz entspricht. Inkarnation ist damit die Konzentration eines Seelenfragments auf ein Exemplar einer geeigneten Spezies mit einer ausgewählten Persönlichkeit, beschrieben durch die Overleaves.

Spätestens seit Pythagoras (6. Jhd. v. Chr.) ist die Vorstellung und das Verständnis für Wiedergeburt (Reinkarnation) von Menschen auf der Erde, als chronlogische Leben zum Zweck der Entwicklung einer Seele durch körperliche Erfahrungen, weit verbreitet, wenn auch nicht allgemein anerkannt. Diese Vorstellung entspricht unserem Bewusstsein von Zeit und Raum.

Reinkarnation ist also nach obigem Verständnis, weder die Wiedergeburt eines Menschen, noch die desselben Fragments einer Essenz, sondern sie bezieht sich auf die Essenz, die in ihrem Inkarnationszyklus energetische Fragmente zur Erkundung der Körperlichkeit aussendet.

Das bedeutet, dass es nicht nur chronologische Inkarnationen gibt, wie und Heinz Duthel erläutert.

Er unterscheidet z. B. gleichzeitige Leben und parallele Leben. Vom kindlichen bis zum erwachsenen Seelenalter kommt es zu vielen Verzweigungen. In vielen "Versionen" des Selbst erfährt sich die Essenz in der Körperlichkeit mit einem z. B. auf Dualität ausgerichteten Bewusstsein, entsprechend unserem Planeten Erde..
Es kommt aber auch zu geteilten Leben, Heinz Duthel entwirft für uns ein Modell der Vernetzung von Leben und geht außerdem auch auf Leben in völlig unterschiedlichen Lebensformen auf der Erde und außerhalb unseres Planeten ein.

Die Vielfalt körperlicher Existenz ist ein Spiegelbild der Vielfalt der Schöpfung, in der sich das Tao entfaltet.

Parallelwelten stellt man sich meist getrennt voneinander vor. Eigentlich ist es nur ein anderer Aspekt, basierend auf einem anderen Bewusstsein. Die Ebenen der Existenz sind ein Beispiel dafür. Auch in der Psychologie gibt es diesen Begriff. Mit „Parallelwelt" wird dort ein nach außen abgegrenzter Bereich bezeichnet, in dem sich das Leben bestimmter Personen oder Gruppen unabhängig von der „Außenwelt" abspielt. Man spricht dann z. B. vom Drogenmilieu. Gerade bei Jugendlichen gibt es verschiedene Gruppen, die ein gemeinsames Verständnis von der Welt teilen, z. B. Grufties,

Rocker, etc. und die sich deshalb selbst abgrenzen und zu anderen kaum Kontakt haben. Parallele Leben - entsprechend den Heinz Duthel Teachings - haben den gleichen Startpunkt (Zeit und Ort) es handelt sich also um eine einzelne Inkarnation. In dieser Inkarnation finden auch Verzweigungen statt. Heinz Duthel benutzt dafür das Bild eines Baumes, der ausgehend vom Stamm viele Äste und Zweige ausbildet. In unserem menschlichen Bewusstsein merken wir davon in der Regel nichts, wenn doch, können wir mit unseren Eindrücken aus einem parallelen Leben nicht viel anfangen. Wir bezeichnen es als Tagtraum oder Fantasie. Mal drastisch formuliert, kann es so sein, dass eine „Version" von uns – zeitgleich - in einer durch nukleare Kriege verwüsteten Welt lebt, in unserem Bewusstsein ist die Welt am Rande einer ökologischen Katastrophe und in einer dritten Version herrscht weltweiter Friede und es besteht Kontakt zu anderen Zivilisationen im Universum. Unser Bewusstsein ist bestimmt durch das, was wir glauben und kennen. Realität ist nicht absolut, sondern abhängig von der Perspektive der Betrachtung und von den Referenzinformationen mit denen wir beurteilen. Der Zweck dieser Parallelen besteht darin, mit der gleichen Persönlichkeit Erfahrungen in unterschiedlichen Paradigmen zu machen. Das klingt sehr abenteuerlich, ich weiß.

Ein etwas weniger drastisches und deshalb vielleicht ein etwas eher nachzuvollziehendes Beispiel ist folgendes:

Wir werden arbeitslos. Unsere Einstellung zur Zukunft kann hoffnungslos sein, weil wir uns als zu alt für einen Neuanfang sehen oder weil unsere Gesundheit uns Schwierigkeiten macht. Wir vertrödeln die Zeit mit Selbstmitleid und Apathie. Alternativ kann jedoch auch genügend Flexibilität und der Wunsch nach sinnvoller und erfüllender Tätigkeit uns die Dynamik verleihen, neue Wege zu gehen und so wieder ein Auskommen zu finden. Eine dritte Möglichkeit besteht darin, dass wir uns finanziell einschränken und mit der dadurch gewonnenen freien Zeit endlich den Interessen nachgehen, die uns begeistern und zu denen wir aus dem Alltagstrott des Berufslebens nicht gekommen sind.

Aus einem Stamm können drei starke Äste verzweigen, aus jedem Ast können verschiedene Zweige sprießen. Es ist so auch möglich, dass sich zwei Zweige treffen und aus zwei parallelen Realitäten – zumindest in Teilen - wieder eine einzige wird.

Abhängig davon, ob z. B. ein Ehepartner bei einer Operation stirbt oder nicht, können sich parallele Leben als Alleinstehender und als Ehepartner ergeben. Stirbt dann später der Ehepartner bei einer anderen Gelegenheit, verbinden sich die Parallelen wieder.

Heinz Duthel betont ja sehr häufig, dass wir immer die Wahl haben. Hier fällt die Entscheidung nicht zwischen entweder/oder, sondern sie besteht im sowohl/als auch. Unser Bewusstsein und damit unser Fokus, ist auf eine Variante beschränkt. Aus Sicht der

Essenz ergeben sich jedoch drei Erfahrungsstränge. Für die Essenz existiert Zeit anders. Sie lässt sich dehnen und stauchen. Was für sie zählt, ist nur die „Gesamtsituation", also die Summe aller Erfahrungen im Raum-Zeit-Kontinuum.
Wie ich schon sagte, werden wir diese Parallelen nicht gewahr. Vielleicht bemerken wir aber doch, dass sich unser Umfeld ändert, wenn wir neue Wege einschlagen. Es gibt neue Freunde und Bekannte, der Kontakt zu alten Beziehungen bricht ab. Manchmal kommt es zu einem Ortswechsel, es ist aber nicht die Bedingung. Ein Alkoholiker oder drogenabhängiger Mensch wird z. B. nach einem erfolgreichen Entzug ein völlig neues Leben beginnen. Die Entscheidung ist der Abzweig. Alte, so verloren gegangene Beziehungen, können jedoch wieder aufleben, wenn es erneut eine gemeinsame Realität gibt.

Der Wechsel von einem Leben zu einer parallelen Version eines Lebens und auch zurück, erfolgt mit der Geschwindigkeit von Gedanken. Wir wählen immer unsere Realität, wenn wir wollen in jeder Sekunde neu.

Hellseher Croiset verblüffte die Kriminalpolizei

Mit seinen hellseherischen Fähigkeiten beeindruckte Croiset die Fahnder. „Es ergaben sich für den ganzen Fall so zentrale Erkenntnisse, auch so detailliert, dass - wenn Koinzidenz eintritt – wir sagen können: es hat geholfen", erklärten sie laut einer Aktennotiz, aus der die Fachzeitschrift „Die Kriminalpolizei" vor einiger Zeit in einem Artikel über „Psi-Detektive in Deutschland" zitierte.

So entdeckte die Polizei aufgrund von Hinweisen des Niederländers in der Tiefgarage eines Hochhauses in Köln-Meschenich einen Mercedes, in dem Schleyer zweifelsfrei transportiert worden war. Später berichteten Zeitschriften, der Hellseher habe auch Hinweise auf das Hochhaus in Erftstadt-Liblar gegeben, in dem die Geisel versteckt war. Vertreter des Bundeskriminalamtes hätten es aber abgelehnt, das Gebäude zu stürmen. Die Terroristen konnten Schleyer so in weitere Verstecke in Den Haag und Brüssel bringen, bevor sie ihn schließlich erschossen.

Kriminaltelepathen sehen den Ort der Leichen

Die Zusammenarbeit der Behörden mit (vorgeblich) medial begabten Personen hatte eine gewisse Tradition. Im Jahr 1919 inszenierte ein Leipziger Polizeirat ein Experiment mit einem „Telepathen", um Erkenntnisse für den Einsatz solcher Methoden in der kriminalistischen Praxis zu gewinnen.

In der Weimarer Republik, als Okkultismus und Parapsychologie weit verbreitet waren, wurde es gang und gäbe, Hellseher und Medien bei Ermittlungen einzusetzen. Einige dieser Leute boten den Behörden ihre Dienste als „Kriminaltelepathen" an oder eröffneten sogar eigene Detekteien. Zu ihnen zählte die Frankfurter „Wahrträumerin" Minna Schmidt. Sie machte im Sommer 1921 Schlagzeilen, als sie den späteren Fundort der Leichen zweier Bürgermeister nannte, die in Heidelberg einem Doppelmord zum Opfer gefallen waren.

Telepathie und Telekinese: Was kann Gedankenkraft wirklich

In der Science Fiction sind sie beliebte Phänomene: Telepathie, Telekinese und Teleportation. Wer diese Techniken beherrscht, kann die Gedanken anderer Wesen lesen, Gegenstände allein durch die Kraft seiner Gedanken bewegen und sich ohne Zeitverlust an andere Orte begeben. Doch existieren diese Phänomene auch in der realen Welt

Perry-Rhodan-Freunde kennen Gucky, den Mausbiber - so genannt, weil er wie eine Kreuzung aus beiden Tierarten aussieht. Die Autoren der Science-fiction-Serie schreiben der außerirdischen Kreatur eine Reihe paranormaler Fähigkeiten zu: Sie soll Telepathie und Telekinese beherrschen, ebenso die Teleportation . Das heißt, Gucky kann die Gedanken anderer Intelligenzwesen lesen, Gegenstände allein durch die Kraft seiner Gedanken bewegen und sich ohne Zeitverlust an andere Orte begeben. Dazu entmaterialisiert er seinen Körper, der dann am Zielort rematerialisiert.

Übermenschliche Fähigkeiten begeistern uns schon immer

In der Science fiction lassen sich solche Eigenschaften trefflich für Dramaturgie und Spezialeffekte nutzen. Doch existieren sie auch in der realen Welt Darüber wird in der Wissenschaft seit Jahrzehnten gestritten. Viele Parapsychologen halten es für gesichert, dass manche Menschen die Gabe besitzen, die Gedanken anderer zu lesen oder ihre eigenen Gedanken und Empfindungen an Mitmenschen zu übertragen. Einige Forschungsarbeiten scheinen auch Belege für die Telekinese (auch Psychokinese genannt) zu liefern. Einzig die Teleportation ist nach heutigem Wissen unmöglich. Ent- und Rematerialisierung eines Körpers wurde noch nie beobachtet, auch fehlt jede physikalische Grundlage für die vorgeblichen Sprünge durch höhere Dimensionen.

Telepathie ist schon seit langem im Blickpunkt der Forschung

Mit Telepathie (abgeleitet vom griechischen „tele" für fern und „pathos" für empfinden) befasste sich bereits die 1882 in London gegründete Society for Psychical Research. Den Begriff prägte der britische Autor Frederic Myers. Ihre wissenschaftliche Erforschung begann 1911, als Forscher der Stanford

UniversityGehe zu Amazon für weitere Produkt-Informationen! Laborexperimente zur außersinnlichen Wahrnehmung und Telekinese (zu deutsch: Fernbewegung) durchführten. In den 1930er Jahren startete auch die Duke University in Durham (US-Staat North Carolina) im weltweit ersten parapsychologischen Labor ähnliche Versuche. Gegründet wurde es von dem Biologen Joseph Banks Rhine, der bald zum Star dieses Forschungszweigs aufstieg.

Zenerkarten als Nachweis von Telepathie

Zum Nachweis von Telepathie nutzte Rhine unter anderem „Zenerkarten", benannt nach dem Parapsychologen Karl Zener. Sie enthalten fünf Symbole: Einen Kreis, ein Kreuz, drei Wellenlinien, ein Quadrat und einen Stern. Ein Satz besteht aus je fünf Karten von jedem Symbol, macht zusammen 25. Für die von Rhine konzipierten Experimente werden die Karten gemischt. Der Versuchsleiter und eine Proband sitzen sich, getrennt durch eine dünne Wand, gegenüber. Ersterer deckt eine Karte nach der anderen auf und betrachtet sie konzentriert. Der Proband soll das im GehirnGehe zu Amazon für weitere Produkt-Informationen! des Betrachters erscheinende Symbol auf telepathischem Wege erfassen und auf einem Blatt Papier notieren. Später gleichen die Experimentatoren die Notizen mit der tatsächlichen Reihenfolge der aufgedeckten Karten ab. Erkannte die Versuchsperson im Mittel fünf Karten, entspricht dies der Zufallsverteilung. Höhere Trefferquoten wertete Rhine als Beleg für Telepathie.

Außersinnliche Wahrnehmung soll nachweisbar werden

Nach einer Vielzahl von Versuchsreihen mit über 90.000 Experimenten verkündete der US-Forscher einen großen Erfolg. Außersinnliche Wahrnehmung, schrieb er in einem 1934 erschienenen Buch, sei „eine tatsächliche und nachweisbare Erscheinung". In der Folge übernahmen Forscher in der ganzen Welt sein Verfahren. Bald aber wurde Kritik an den Experimenten laut. So ließen sich Rhines Ergebnisse an anderen Instituten nicht reproduzieren. Zudem entdeckten Forscher systematische Schwächen im Versuchsablauf und Fehler bei der statistischen Auswertung der Daten. So legten Überprüfungen nahe, dass die Versuchsleiter nichtverbale Hinweise auf die aufgedeckten Karten gaben. Als weitere Schwachstelle erwies sich das Mischen der Karten. Gewährleistet die Mischtechnik keine vollkommene Zufallsverteilung, wird das Resultat beeinflusst.

Ein leuchtendes Gebilde flirrt von rechts nach links durchs Treppenhaus und zurück. Die Überwachungskamera im Liverpool Medical Institute fängt auch ein helles Licht über einer Treppe ein. Britische Geisterjäger glauben, es handle sich um einen Spuk. Sie wollen auch herausgefunden haben, wer die geheimnisvollen Lichter hervorrief: Der böse Geist von Richard Caton, der 1909 Bürgermeister von Liverpool war und 1926 starb. Die Briten schließen dies aus dem Umstand, dass ihre Rempods

- das sind Geräte, die elektromagnetische Felder (EMF) aufzeichnen - bei der Frage nach Caton angeschlagen haben.

Die Mitglieder des Clubs „Sefton Paranormal Investigators" überwachten das 1837 eröffnete Institut, weil es als eines der Gebäude in Großbritannien gilt, in dem am meisten gespukt wird. Bei ihrer Untersuchung im vergangenen September hätten sie Hinweise auf 17 paranormale Aktivitäten gefunden, erklärte SPI-Mitglied Robinette der britischen Zeitung „Mirror", darunter Lichter, geheimnisvolle Stimmen und Atemgeräusche.

Wirtin in der Dachstube erwürgt und im Keller begraben

Für ein Spukhaus ist dies eine recht ordentliche Ausbeute, doch andere Orte haben noch wesentlich mehr schaurige Erscheinungen zu bieten. Ein Beispiel dafür ist „The RamGehe zu Amazon für weitere Produkt-Informationen! Inn", eine früheres Wirtshaus im Dorf Wotton-under-Edge, das in der britischen Grafschaft Gloucestershire liegt. Das Haus wurde 1154 erbaut und durchlebte eine wechselvolle Geschichte. Zwei seiner Bewohner sollen ermordet worden sein, darunter eine frühere Wirtin, die in einer Dachstube erwürgt und später in einem Kellerraum bestattet wurde.

Skelette einer Frau und eines Kindes unter der Sattelkammer

Zudem fanden sich bei Grabungen unter einer früheren Sattelkammer die Skelette einer Frau und eines Kindes. 1965 wurde, weil die Gäste weg blieben, das letzte Pint gezapft, und das Pub schloss seine Pforten. Drei Jahre später erwarb ein früherer Lokführer namens John Humphries das Anwesen. Nach seinem Einzug wurde es in dem Haus unheimlich. Ein Spuk jagte den nächsten, deshalb nahmen Geisterjäger - diesmal vom britischen „Ghost Club" - das alte Gemäuer unter die Lupe.

Geister klopfen an Fenster, unsichtbare Hunde bellen

In einem 2003 veröffentlichten Report berichtete der Club von zahllosen Spukerscheinungen, die Bewohnern wie Besuchern des Hauses zu schaffen machen. Demnach flatterten gespenstische Lichter – so genannte Orbs – durch die Räume, vermeintliche Geister klopften an Fenster oder knallten mit Türen, und das Gebell unsichtbarer Hunde ertönte.

Humphries selbst berichtete, gleich in seiner ersten Nacht im neuen Heim habe ihn etwas an den Fußknöcheln gepackt und aus dem Bett geworfen. Später fühlte er, wie sich ein unsichtbares Wesen an seinen Beinen entlang tastete. Da saß er gerade in einem Sessel und las in der Bibel. Im Zimmer seiner Tochter ertönten Geräusche von über den Boden gezogenen Möbeln, obwohl sich kein Mensch darin aufhielt.

Dämonen wälzen sich im Doppelbett im Bischofszimmer

Auch den Gästen der Hausbewohner spielte der Spuk übel mit. Einige fühlten, wie Kältewellen ihre Glieder erfassten. Andere wurden von rätselhaften Kräften eine Treppe hinauf oder herunter gestoßen. Im Stall, der zu einem Wohnzimmer umgebaut wurde, brachten diese auch einen Jugendlichen zu Fall und pressten den Hausherrn Humphries an eine Wand. Als Spuk-Zentrum erwies sich indes das sogenannte Bischofszimmer: Darin treten laut dem Ghost-Club-Bericht zahlreiche Geister in Erscheinung, darunter ein Ritter, der in einer Ecke auftaucht und den Raum durchschreitet, ein Fräulein, das von der Decke baumelt, sowie zwei Mönche in Begleitung zweier Nonnen.

Im Doppelbett in der Mitte des Raums wälzen sich gelegentlich ein Incubus und ein Succubus. Das sind Dämonen, die Albträume verursachen. Der männliche Incubus kann sich der Mythologie zufolge mit Frauen paaren, ohne dass diese etwas davon bemerken. Sein weibliches Gegenstück Succubus (von lateinisch succumbere = unten liegen) stiehlt heimlich den Samen schlafender Männer.

Tatsächlich zeigte eine repräsentative Umfrage, dass fast drei Viertel der deutschen Bevölkerung mindestens einmal im Leben etwas Außergewöhnliches erleben, das sich im weitesten Sinne der Parapsychologie zuordnen lässt. Dies können merkwürdige körperliche Erscheinungen sein, aber auch außerkörperliche Erfahrungen oder Einwirkungen auf die persönliche Umgebung. Experten unterteilen die Erlebnisse in verschiedene Bereiche, nachzulesen auf der Internet-Seite „Die Welt des Paranormalen" (WdP).

Ein Großteil der Berichte handelt von Geistererscheinungen. Meist werden die Geister in Kirchen, Klöstern und alten Anwesen gesichtet, ebenso auf Friedhöfen, an Kriegsschauplätzen und anderen Orten mit einer großen oder unheimlichen Vergangenheit. Oft steht die Erscheinung in Zusammenhang mit einer verstorbenen Person. Erlitt diese einen tragischen Tod, könnte ihr Geist umgehen. Als Beispiel nennt die WdP die Geschichte einer eingemauerten Nonne, die kläglich verhungerte. Diese Art von Geistern scheint keine Ruhe zu finden. Sie wollen auf sich aufmerksam machen, damit man sie findet und etwa ordnungsgemäß bestattet. Erst dann erlangen sie ihren Frieden und lassen die Lebenden in Ruhe.

Menschen spüren verstorbene Angehörige

In anderen Fällen verspüren Menschen, die ihren Partner oder ein Familienmitglied verloren haben, dessen Anwesenheit, oder sie sehen den Verstorbenen sogar regelrecht körperlich. Dies kann kurz nach dem Ableben sein, aber auch noch Jahre später. Viele Betroffene hatten das Gefühl, der oder die Tote wollte ihnen nochmals Lebewohl sagen. Andere empfanden die Erscheinung als einen posthumen Liebesbeweis, wieder andere erlebten sie als Aufforderung, noch unerledigte Dinge zu tun. Geht es um Letzteres, kann die Erscheinung über einen längeren Zeitraum anhalten. Wird das Erwünschte getan, endet sie, der Verstorbene hat seinen Frieden gefunden, und sein Geist verschwindet.

Unglück von geliebten Menschen erspüren

Eine zweite Kategorie ist die Wahrnehmung von Ereignissen, die eine noch lebende, dem Betroffenen nahestehende Person betreffen. Immer wieder wird die Geschichte des Soldaten angeführt, der im Krieg angeschossen wird. Zum Zeitpunkt der Verwundung sah ihn seine Frau zu Hause plötzlich mitten im Raum stehen. Als sie ihn ansprach, antwortete er nicht und verschwand kurz darauf ebenso plötzlich wie er erschien. Aus dem persönlichem Umfeld kenne ich den Fall eines Freundes, der als Student stürzte und sich eine schwere Gehirnerschütterung zuzog. Seine Freundin befand sich zu dieser Zeit bei einem Studienaufenthalt in den USA. Als sich der Unfall ereignete, überkam sie ein merkwürdiges Gefühl. Noch am gleichen Tag schrieb sie ihm einen – noch heute erhaltenen - Brief, um sich nach seinem Befinden zu erkundigen. Zahlreiche Berichte gibt es auch von Tieren, die ein Unglück erspürten, das ihrem Besitzer widerfuhr.

Spuk und Poltergeistphänomene können über Jahre anhalten

Daneben tritt der Spuk als weit verbreitetes paranormales Phänomen. Betroffene berichten über eine plötzliche Kältewelle im Raum, die sie erschauern ließ, oder sie hatten das Gefühl, andere Personen seien anwesend und beobachten sie. Oft bleiben Uhren zeitgleich stehen, oder Bilder an den Wänden hängen schief oder fallen herunter. Fernseh- oder Radiogeräte schalten sich ein, Stühle oder andere Möbelstücke verschieben sich in Räumen. Es können Steine fliegen, Wasserlachen entstehen oder Geräusche oder Stimmen ertönen. Bei Poltergeistphänomenen können zudem Gegenstände zu Bruch gehen. Spuk ist zumeist harmlos, abgesehen vom Wüten eines Poltergeistes. Er kann kurzfristig auftreten, aber auch über viele Jahre hinweg anhalten. Oft ereignet er sich in Zusammenhang mit bestimmten Personen oder er ist an einen Ort gebunden. Manchmal, wie bei der „weißen Frau" in den Spukschlössern, hält er über Generationen an.

Nun ist Großbritannien so etwas wie das Mutterland der Gespenster, die Listen verwunschener Gebäude und mysteriöser Geschichten sind lang. Doch auch Deutschland hat spuktechnisch einiges zu bieten. Klassiker sind die weiße Frau und der kopflose Reiter. Erstere geistert vorzugsweise durch Adelsschlösser, ihr Erscheinen soll ein größeres

Unglück ankündigen. Berichte über Sichtungen gehen bis ins 15. Jahrhundert zurück.

Ähnlich verhält es sich beim kopflosen Reiter. Wer ihm begegnet, ist dem Tod geweiht. Hauptsächlich im Rheinland ranken sich Sagen um diese Gestalt. Sie gilt als Wiedergänger eines Toten, der wegen einer schweren Sünde zum Herumgeistern verdammt ist. Es kann sich beispielsweise um einen Selbstmörder handeln, dessen Leiche nachträglich geköpft und in ungeweihter Erde vergraben wurde.

Poltergeist lässt Glühbirnen in Rosenheim pendeln

Auch in neuerer Zeit trieben vermeintliche Geister ihr Unwesen. Berühmt wurde der „Spuk von Rosenheim": Im Sommer 1967 beobachteten Mitarbeiter einer Anwaltskanzlei in der bayrischen Stadt eine Reihe mysteriöser Phänomene. Unerklärliche Anrufe legten die Telefonanlage lahm, Glühbirnen begannen zu pendeln und platzten, Neonröhren drehten sich in der Fassung, Sicherungen flogen heraus. Später begannen sich an der Wand hängende Bilder zu drehen. Erklärungen dafür fanden sich trotz umfangreicher Untersuchungen zunächst keine. Spukexperten sahen einen Poltergeist am Werk.

Parapsychologie versucht Geistererscheinungen zu verstehen

Weil sich Geistererscheinungen der exakten Nachforschung entziehen und sich die seriöse Naturwissenschaft mit ihnen nicht abgeben mag, entwickelte sich dafür ein eigenes Fach: die Parapsychologie. Deren Geschichte begann 1862 mit der Gründung des Ghost Club in England. Ihm folgte 20 Jahre später die „Society for Psychical Research". Die Organisation wollte Gelehrte versammeln, um eine kritische und dauerhafte Erforschung paranormaler Phänomene zu gewährleisten.

Ihre Forschungsgegenstände unterteilte sie in verschiedene Klassen: Zum einen Telepathie, Hypnose und Geistererscheinungen. Hinzu kamen die „Lebenskraft" (Od) des Naturforschers Karl Freiherr von Reichenbach sowie der Spiritismus, der damals in Mode war. Eine der ersten Studien nahm unter dem Titel „Erhebung über Sinnestäuschungen" Geistererscheinungen und Sinnestäuschungen bei gesunden Versuchspersonen unter die Lupe.

Probanden bei Telepathie-Versuchen in Käfig gesperrt

Später gründeten sich ähnliche Gesellschaften in anderen europäischen Ländern und in den USA. In Deutschland riefen Albert Freiherr von Schrenck-Notzing und Carl du Prel 1886 in München die „Psychologische Gesellschaft" ins Leben. Sie führte Untersuchungen zu Hypnose und Telepathie durch, nahm sich aber auch der Telekinese an, also der

Fähigkeit, Gegenstände durch die Kraft der Gedanken zu bewegen.

Vor allem Experimente zur Telekinese, die Schrenck-Notzing in den 1920er- und 1930er-Jahren an der Münchener Universität durchführte, machten die Parapsychologie in Deutschland bekannt. Die Probanden wurden in Käfige gesperrt, Helfer hielten ihre Hände und Füße fest, um Manipulationen auszuschließen. Die Gesellschaft untersuchte auch andere Psi-Phänomene (abgeleitet vom griechischen Psi als erstem Buchstaben des Wortes Psyche), darunter Hellsehen, Materialisierungen aus der Geisterwelt sowie Wahr- und Wachträume.

Jährlich 3000 bis 5000 Anfragen wegen außersinnlichen Erscheinungen

Heute kümmert sich die Parapsychologische Beratungsstelle (PB) der Wissenschaftlichen Gesellschaft zur Förderung der Parapsychologie in Freiburg um außersinnliche Erscheinungen – und ihre Mitarbeiter haben alle Hände voll zu tun. In den letzten Jahren gab es pro Jahr zwischen 3000 und 5000 Anfragen, berichtet ihr Leiter Walter von Lucadou, ein studierter Physiker. Zur Zeit der Gründung der PB vor 25 Jahren seien es noch 1200 gewesen. Insbesondere das Internet ließ die Zahl der Meldungen steil ansteigen. In ihrem 2012 erschienenen Buch „Die Geister, die mich riefen" schildern Lucadou und sein Mitautor Peter Wagner eine Reihe aktueller Vorfälle.

Noch ein Phänomen verdient Erwähnung: die Orbs, wie sie die Geisterjäger auch im Liverpool Medical Institute und dem Ram Inn registrierten. Es handelt sich um Lichterscheinungen, die oft in Form transparenter Kugeln auftauchen. Esoteriker entwickelten hierzu eine verwegene Hypothese: Orbs entstehen aus Energiefeldern, die von Verstorbenen oder schon länger spukenden Geistwesen herrühren.

Um aufzuleuchten, benötigen sie indes eine weitere Energiequelle, etwa wie im Raum anwesende Menschen, aber auch Batterien, Heizkörper und ähnliches. Hierdurch könne der Geist auf sich aufmerksam machen und sich auf Bildern zeigen. Die runde Struktur würde gewählt, weil sie gemäß den Gesetzen der Physik den niedrigsten Energiezustand einnimmt. Gegenüber der klassischen Gespenstergestalt könnten die Geister mit einem Orb viel Energie sparen.

Hartgesottene Geistergläubige verweisen darauf, dass die Silbe „orb" vom lateinischen Wortstamm „orbus" herrührt, zu deutsch: der Waise. Deshalb liegt es für sie nahe, dass Orbs die verwaisten Seelen von Verstorbenen sind, die einsam in einer Zwischenwelt umher irren. Sie müssen immer wieder erscheinen, weil sie beim Eintritt des Todes noch voller Begierden waren und deshalb ihre Fesseln an diese Welt nicht lösen konnten.

„Spiritistische Theorie": Spuk durch unabhängige Wesen

Was aber sind die wahren Ursachen all dieser Phänomene Existiert tatsächlich eine Schattenwelt, aus der immaterielle Geister in unsere physikalische Umwelt übertreten oder auf sie einwirken können, oder handelt es sich eher um Vorgänge in der Psyche derjenigen, die Geister oder Spuk wahrnehmen Darüber streiten sich die Experten. Vertreter der „spiritistischen Theorie" glauben, Spuk werde von unabhängigen Wesenheiten verursacht. Meist handle es sich um Seelen Verstorbener, die noch auf Erden weilen. Eine Variante dieser Hypothese besagt, dass verselbständigte Teilseelen die Spukphänomene auslösen, es könnten aber auch „abgespaltene psychische Komplexe" Verstorbener sein, die sich halb intelligent, halb absichtslos verhielten, wie im Traum.

Können Gegenstände „seelische Energie" aufnehmen

Einer anderen, eher esoterischen Theorie zufolge können Gegenstände oder Gebäude „seelische Energie" aufnehmen und auf sensitive Menschen übertragen. In einer 1939 in den „Proceedings of the Society for Psychical Research" veröffentlichten Arbeit äußerte der britische Philosoph Henry Habberly Price, der sich auch mit Parapsychologie befasste, emotionsgeladene seelische Eindrücke würden nicht in der Substanz von Gebäuden gespeichert, sondern in einem „psychischen Äther" zwischen Geist und Materie – also in einer Art Raum außerhalb unserer physikalischen Umwelt. Die so gespeicherten Eindrücke könnten immer wieder wahrgenommen werden, was auch erkläre, dass sich das viele Spukerscheinungen wiederholen.

Spektrum-Theorie: Wahrnehmende Person erzeugt Phänomene selbst

Auch der Freiburger Parapsychologe Hans Bender meinte, heftige Emotionen könnten eine örtlich gebundene Atmosphäre schaffen, die unabhängig vom Menschen existiere und paranormale Ereignisse verursache oder begünstige. Daraus entwickelte der Forscher William Roll von der Psychical Research Foundation in Durham (US-Staat) North Carolina die sogenannte Spektrum-Theorie.

Ihr zufolge geht Spuk zwar auf gedächtnisähnliche Spuren in der stofflichen Umgebung zurück. Daneben würden aber auch viele Phänomene von der wahrnehmenden Person unbewusst selbst erzeugt, um emotionale Bedürfnisse zu befriedigen. Es gebe ein Spektrum mit den paranormalen Eindrücken auf der einen und den Bedürfnissen des Wahrnehmenden auf der anderen Seite. Die Trennung von Geist und Materie sei jedenfalls nicht so scharf wie angenommen. In ähnlicher Weise argumentiert auch die „psychogeographische Theorie": Spukhäuser und -schlösser hätten oft eine unheimliche Atmosphäre , die auf die Psyche der Besucher einwirke und somit deren Wahrnehmung verändere.

Sind die Orbs in Wahrheit kleine Staubpartikel

Dies stimmt mit der Erkenntnis der gewöhnlichen Psychologe überein, dass viele Menschen unter Stress oder bei starker Angst eine rege Phantasie entwickeln und sich einbilden, Dinge zu sehen, die gar nicht existent sind. Es gibt aber noch andere mögliche Erklärungen für das Auftauchen vermeintlicher Psi-Phänomne, nämlich technische Störungen – oder schlichten Betrug. Bei den Orbs fällt auf, dass sie erst nach dem Siegeszug der digitalen Kameras gehäuft auf Schnappschüssen auftauchten. Tatsächlich konnten Forscher zeigen, dass durch deren Konstruktion – so befindet sich das Blitzlicht sehr nah an der Linse – beim Blitzen oft Reflexionen von kleinen Staubpartikeln mit abgebildet werden.

Der Effekt ist aus Kinos oder von Diashows bekannt. Im Lichtstrahl des Projektors tanzt eine Vielzahl heller Staubpartikel in der Luft. Auf der Leinwand sind diese unsichtbar, weil sie außerhalb des Fokus liegen. In einer staubreichen Umgebung wie in einem alten Schloss sind genügend Partikel vorhanden, um ein Orb-Bild zu erzeugen.

Geschichte

Der Begriff "Parapsychologie" wurde im Jahre 1889 von dem deutschen Psychologen, Philosophen, Mediziner und Kunsthistoriker Max Dessoir (08.02.1867 - 19.07.1947) geprägt, der in einem Beitrag in der damals populären theosophischen Zeitschrift "Sphinx" darüber schrieb: "„Bezeichnet man ... mit Para – etwas, das über das Gewöhnliche hinaus oder neben ihm hergeht, so kann man vielleicht die aus dem normalen Verlauf des Seelenlebens heraustretenden Erscheinungen parapsychische, die von ihnen handelnde Wissenschaft „Parapsychologie" nennen. ...Das Wort ist nicht schön, aber es hat meines Erachtens den Vorzug, ein bisher noch unbenanntes Grenzgebiet zwischen dem Durchschnitt und den abnormen, pathologischen Zuständen kurz zu kennzeichnen." Für Dessoir war die Bezeichnung lediglich provisorisch und sollte eine Gruppe außergewöhnlicher Phänomene bezeichnen, deren Existenz umstritten ist, die jedoch in der Kulturgeschichte immer wieder beschrieben werden.

Die Geschichte der Parapsychologie selbst begann bereits vor ihrer Namensgebung mit dem im Jahre 1862 in England gegründeten "Ghost Club" und der im Jahre 1882 ebenfalls in England gegründeten "Society for Psychical Research" (SPR), die sich beide die Erforschung von Geistererscheinungen zur Aufgabe machten. Insbesondere die SPR stellte den wohl ersten Versuch dar, systematisch

Wissenschaftler und Gelehrte aus verschiedenen Gebieten in einer Organisation zu versammeln, um kritisch und nachhaltig die Erforschung paranormaler Phänomene zu betreiben.

In Deutschland begann die Geschichte der Parapsychologie mit der Gründung der "Psychologischen Gesellschaft" im Jahre 1886 in München, die insbesondere Untersuchungen der Hypnose und zur Telekinese durchführte, wobei die Forschungsmethoden aus heutiger Perspektive recht seltsam anmuten: In öffentlichen Versuchen mussten sich die Probanden entkleiden und umziehen und wurden während der Versuche oft in Käfige eingesperrt und an Händen und Füßen festgehalten. Die bei diesen Versuchen berichteten Effekte reichen von einer Spieluhr, die von selbst zu spielen begann und dann von der Versuchsperson willentlich wieder gestoppt wurde bis zu Berichten von emporschwebenden Taschentüchern. Die Effekte stellten sich teilweise erst nach mehreren Stunden ein, da die Versuchspersonen zuvor zunächst in eine tiefe Trance mit heftigen körperlichen Begleitsymptomen fielen. In Anschluss an die Versuche konnten die von der Versuchsperson gesteuerten Gegenstände besichtigt werden; die Versuchspersonen trugen in der Regel phosphoreszierende Armbänder und Leuchtpunkte auf der Kleidung, um auch bei wenig Lichteinfall Täuschungsversuche erkennen zu können. Die Versuche nahmen mit unter auch einen noch entwürdigenderen Verlauf, da es während der

Trancezustände teilweise zu mehrfachen Samenergüssen bei den Versuchspersonen kam, was dann natürlich von den Beobachtern bei der Inspektion der Kleidung bemerkt wurde.

Ab dem Jahre 1919 setzte in Deutschland die Kriminalpolizei angebliche Telepathen bei der Aufklärung von Verbrechen ein, um aus den so gesammelten Erfahrungen Rückschlüsse für den Einsatz von Medien bei der Ermittlungsarbeit zu gewinnen. Bis auf wenige Einzelerfolge konnten jedoch keine tragfähigen Ergebnisse erzielt werden.

Im Jahre 1911 begann die rennomierte Stanford-University mit Laboruntersuchungen außersinnlicher Wahrnehmung und Psychokinese. Ihr folgte im Jahre 1930 die Duke-University in Durham, die denselben Ansatz verfolgte. Die Duke-University war es auch, die als erste in großem Stil mit dem Zenerkartensystem und Würfelversuchen arbeitete, um Ergbnisse zu erheben, die dann mit standardisiertem statistischen Methoden ausgewertet werden konnten. Diese Verfahren wurden in der Folgezeit von fast allen Forschern in der ganzen Welt übernommen. Doch beide Institute sahen sich zunehmenden massiven Anfeindungen und Unwissenschaftlichkeitsvorwürfen ausgesetzt; die Duke-University stellte ihre parapsychologischen Forschungsaktivitäten schließlich Mitte der 1960er Jahre ein.
Da die konventionellen Universitäten als Träger parapsychologischer Forschungen nicht mehr zu

gewinnen waren, gründeten sich ab Mitte der 1960er Jahre insbesondere in den USA eigenständige parapsychologische Institute. Dazu zählt das international bekannte Rhine Research Center, Anfang der 1970er Jahre als "Institute for Parapsychology" gegründet, und die "Foundation for Research on the Nature of Man" (FRNM), die beide von Joseph B. Rhine gegründet wurden, der zuvor bereits maßgeblich für die Untersuchungen an der Duke-University verantwortlich war. In Europa gab es dagegen schon ältere Institute, beispielsweise die britische "Society for Psychical Research", 1882 in London gegründet und das deutsche "Institut für Grenzgebiete der Psychologie und Psychohygiene" (IGPP), gegründet in Freiburg im Breisgau im Jahre 1950.

In den 1970er Jahren nahm das Interesse an parapsychologischer Forschung massiv zu. Es wurden zahlreiche neue Institute gegründet und die bestehenden Forschungen wurden um neue Forschungsfelder erweitert. Auch fand die ursprünglich nur von der Parapsychologie erforschte Hypnose Eingang in die Welt der "klassischen" Psychologie und wurde zu einer weit verbreiteten, wissenschaftlich anerkannten Therapiemethode. Weltbekannt sind die in den 1970er Jahren begonnenen Untersuchungen des US-amerikanischen Psychiaters Ian Stevenson zur Reinkarnation. Der Physiker Russell Targ fürte für die von ihm durchgeführten Experimente die Bezeichnung "remote viewing" (Fernwahrnehmung) ein, bis heute ein beliebtes Thema für Verschwörungstheorien rund um die Geheimdienste CIA und KGB.

Dieser "Boom" der parapsychologischen Forschung dauerte bis Ende der 1980er Jahre und nahm danach ebenso rapide ab wie er in den 1970er Jahren begonnen hatte. Die heutigen – seriös durchgeführten – parapsychologischen Forschungen machen nur noch einen Bruchteil dessen aus, was in den späten 1980er Jahren noch in diesem Bereich unternommen wurde. Dies lag allerdings auch daran, dass die Forschungen die Erwartungen nicht erfüllt hatten, die man in sie gesetzt hatte. Scheinbar übernatürliche Phänomene wie die Kirlian-Fotografie wurden durch den technischen Fortschritt dieser Zeit erklärbar. Die Parapsychologie brachte nur sehr wenige fundierte empirische Daten hervor Im Jahre 2001 schloss die Universität Freiburg den einzigen damaligen deutschen Lehrstuhl für Parapsychologie. Auch die Universtät von Utrecht in den Niederlanden löste ihren parapsychologischen Lehrstuhl auf – den ersten auf der Welt überhaupt. Die parapsychologische Forschung ist seit dieser Zeit nahezu ausschließlich in der Hand privat finanzierter Organisationen. In den USA betreiben die Universitäten von Virginia und Arizona noch parapsychologische Forschungen. In Großbritannien sind es die Universität Edinburgh, die Hope-Universität in Liverpool, die Universität in Northhampton und Goldsmiths-College in London.

Die einzige öffentlich getragene parapsychologische Forschungseinrichtung in Deutschland ist die "Parapsychologische Beratungsstelle" in Freiburg im Breisgau unter der Leitung von Walter von Lucadou.

Die parapsychologische Forschung hat einige wenige Spuren in der Psychologie hinterlassen. Dies betrifft neben der bereits genannten Hypnose auch die Transpersonale Psychologie und die anomalistische Psychologie. Diese Disziplinen befassen sich mit spirituellen Aspekten des menschlichen Bewusstseins bzw. bemühen sich, scheinbar paranormale Erlebnisse mit Mitteln der konventionellen Psychologie zu erklären.

Forschungsmethoden

Die Parapsychologie wendet hauptsächlich folgende Forschungsmethoden an:

Sammlung, Dokumentation und Klassifikation paranormaler Spontanberichte
quantitativ-statistische, empirische Methoden, die teilweise auf Wahrscheinlichkeitsrechnung basieren
Feldforschung
Laborexperimente unter kontrollierten Bedingungen und
Metaanalysen zum Nachweis von Psi (sehr umstritten).

Die heutige Parapsychologie ist um möglichst wissenschaftliche Vorgehensweisen bemüht. So werden Zeugenberichte unter phänomenologischen, soziologischen, emotionalen, motivationalen, kognitiven, neuropsychologischen, psychodynamischen, soziokulturellen und psychologischen Faktoren ausgewertet. Man versucht, gemeinsame Muster in den berichteten Erlebnissen zu finden und vergleicht zeitlich und geografisch verschiedene Fallsammlungen. Die Zeugenberichte werden wie folgt klassifiziert: a) nach etwas, was in der Parapsychologie als "PSI-Modus" bezeichnet wird und sich an der Anzahl gleichzeitig erlebter Phänomene, also beispielsweise gleichzeitiger Wahrnehmung telepathischer oder hellseherischer und präkognitiver Ereignisse, orientiert, b.) nach den Erlebnisformen (Ahnungen, Halluzinationen,

Visionen sowie symbolische oder realistische Träume), c) nach dem Bewusstseinszustand, in dem die Wahrnehmungen erlebt werden (Wachzustand oder Traum), d) nach der Frage, ob dem Berichtenden die Bedeutung des Erlebten bewusst ist, e) nach vorhandener oder fehlender psychologischer Motivation, f) nach inhaltlicher Thematik sowie g) nach Bezugspersonen.

In der Feldforschung werden Situationen untersucht, in denen paranormale Vorfälle gehäuft aufzutreten scheinen. In erster Linie sind dies Spukfälle, bei denen nicht erklärbare Vorgänge (Geräusche, sich bewegende Gegenstände u. a.) meist in Gegenwart bestimmter spukauslösender Personen, so genannter "Fokuspersonen", auftreten. Der in Deutschland wohl berühmteste Fall dieser Art ist der Rosenheim-Fall. Seriöse parapsychologische Forschung versucht hier, die Ereignisse möglichst objektiv zu dokumentieren und alle infrage kommenden natürlichen Ursachen und Betrugsversuche auszuschließen.

Bei den Laborexperimenten konzentriert man sich schwerpunktmäßig auf Fernwahrnehmungs-, Gedankenübertragungs- und Psychokinese-Experimente. Auch werden Experimente zur Fernbeeinflussung angestellt.

Bei den Experimenten zur Fernwahrnehmung wird untersucht, ob Testpersonen die Fähigkeit haben, Informationen über weit entfernt liegende Orte oder sich in einiger Entfernung befindende Objekte zu erlangen. Man kann dabei beispielsweise der Testperson bestimmte Zielkoordinaten oder eine Position auf einer Stadt- oder Landkarte vorgeben und sie beschreiben lassen, was sie sieht (welche Häuser beispielsweise dort stehen). Solche Versuche sind zu Hunderten gemacht worden. Doch viel mehr als einen Hinweis darauf, dass Informationen von entfernten Fotos, wirklichen Landschaften oder Ereignissen überdurchschnittlich oft wahrgenommen wurden, gibt es nicht. Auch hier ist zwar eine gewisse statistische Bedeutsamkeit gegeben. Diese relevanten Effekte jedoch sind nur sehr gering.

Ähnliches gilt für Gedankenübertragungsexperimente. Ein solches Verfahren kann an einem Beispiel illustriert werden: Die Versuchsperson sitzt in einem abgeschirmten Labor. Eine zweite Person fährt mit einem Auto durch die Stadt. Sie hält an einem beliebigen Punkt an, fotografiert dort ein beliebiges Motiv und konzentriert sich darauf. Die Versuchsperson muss nun herausfinden, auf was für ein Bild sich die Person im Auto konzentriert und dieses skizzieren. Das Beispiel stammt aus einem Kriminalfilm aus den USA aus den 1970er Jahren. Aber ähnlich laufen auch die realen Experimente ab, auch wenn man zur Vereinfachung überwiegend auf Zenerkarten zurückgreift.

So wurde das geschilderte Film-Beispiel in ähnlicher Form auch in der Realität angewendet: Ein Agent reist zu einem beliebigen Zielort, schaut sich 10 bis 15 Minuten dort um und kann sich auf die Konturen des Ortes konzentrieren oder auch an den Empfänger denken, der Kilometer entfernt in einem abgeschirmten Raum sitzt und zur selben Zeit in ein Mikrofon spricht, was er wahrnimmt. Auch macht er Skizzen. Dies spielt sich zu einer festgelegten Zeit ab, denn der Agent, der die Gedankensendung vornimmt, kann sich womöglich tausende Kilometer vom Empfänger im Labor entfernt befinden.

In einem abgewandelten Versuch dieser Art sollte die abgeschirmte Versuchsperson im Labor aufzeichnen, was Agenten in einem Nebenraum zu gleicher Zeit an Videos oder Bildern sahen. Dieser Versuch zählt tatsächlich zu den erfolgreichsten Experimenten der Parapsychologie der vergangenen Jahrzehnte (Quelle: John McCrone: Roll up for the Telepathy Test. In: New Scientist, Nr. 1873, 15. Mai 1993.).

In der Laborforschung kommen sehr oft auch Zufallsgeneratoren, so genannte "Schmidt-Maschinen" zum Einsatz, was vor allem für Experimente im Bereich Psychokinese gilt. Die Geräte basieren beispielsweise auf dem radioaktiven Zerfall, wodurch permanent zufällige Signale registriert werden. Die dadurch erzeugten Daten werden aufgezeichnet und durch einen Computer ausgewertet. Eine Testperson soll nun während einer vorher festgelegten Versuchsdauer versuchen, allein mittels Gedankenanstrengung die Verteilung der Zufallsdaten zu verändern.

Nach der Auffassung der Parapsychologie existiert ferner die Möglichkeit, Gedanken, Empfindungen oder Funktionen des Nervensystems einer Person allein durch Gedanken, also allein auf mentale Weise, zu beeinflussen. Die deutsche Abkürzung dafür lautet "bio-PK", wobei "PK" für "Psychokinese" steht. Dieser Effekt soll bevorzugt bei sich nahe stehenden Menschen beobachtbar sein, insbesondere zwischen eineiigen Zwillingen.

Tatsächlich lassen sich im Alltag ähnliche Beobachtungen recht häufig machen: Eine Zwillingsschwester weiß, dass die andere, weit entfernt lebende, sich nicht gut fühlt oder eine Mutter spürt, dass ihr Kind verunglückt ist.

Das dafür herangezogene Erklärungsmodell basiert wieder auf quantenphysikalischen Beobachtungen: Man nimmt an, dass Objekte, die einmal vereint waren (Zwillinge in derselben Eizelle, das Embryo mit seiner Mutter etc.), nach ihrer Trennung quantenmechanisch verschränkt bleiben und sich dadurch Informationen von einem Teil auf den anderen übertragen.

Auch dieser Effekt hält einer experimentellen Überprüfung im Bereich einer statistischen Signifikanz nicht stand. Die wesentliche Ursache dafür ist, dass es der Parapsychologie bei diesen Versuchen nicht auf statistische Werte ankommt, sondern vielfach schon eine einzige funktionierende

Verbindung als Erfolg angesehen wird. Auch hier ist die Wiederholbarkeit dieser Experimente nur sehr eingeschränkt gegeben, weswegen es auch in diesem Falle keine empirisch fundierten Daten gibt.

Ein vergleichbarer Effekt wie die Fremdbeeinflussung ist das Gefühl, von hinten angestarrt zu werden, was erstaunlicherweise sogar von Blinden wahrgenommen wird. Statistisch ist jedoch auch dieser Effekt bedeutungslos.

Man ist sich heute darin einig, dass zwar die Fremdbeeinflussung anderer Personen auf bewusste oder unbewusste Art nicht ausgeschlossen werden kann, aber die Anzahl unabhängiger Wiederholungsstudien und theoretischer Modelle zur Erklärung dieser Effekte zu gering ist, um fundierte Nachweise für die Wirksamkeit dieses Effektes erbringen zu können.

Meta-Analysen schließlich sind statistische Methoden zur Auswertung von Forschungsergebnissen. Dabei werden möglichst systematisch, repräsentativ und objektiv in Form quantitativer Größen die Ergebnisse verschiedener Einzelstudien in einem Forschungsbereich integriert und ausgewertet. Aus weiter unten genannten Gründen (Stichwort: "selektives Publizieren") ist die Aussagekraft der Meta-Analysen in der Parapsychologie heftig umstritten und stellt daher auch kein geeignetes Verfahren zum statistischen Nachweis paranormaler Phänomene dar.

Erkenntnisse

Die Erkenntnisse der parapsychologischen Forschung sind auch heute noch - trotz jahrzehntelanger Bemühungen - eher dürftig; ein genauer Forschungsstand kann nicht angegeben werden. Frühe Erfolge beispielsweise durch die Experimente von Joseph B. Rhine änderten ihren Charakter bald hin zu Zufallstreffern, je fortgeschrittener die eingesetzte Technik und je strenger die Laborbedingungen wurden. Es gilt unter Parapsychologen als sicher, dass die Existenz von Psi-Phänomenen statistisch belegbar nachgewiesen werden kann, auch wenn sie nur sehr selten auftreten. Der statistische Beleg wird insbesondere durch Metaanalysen von Experimenten zu Außersinnlichen Wahrnehmungen (ASW) und Psychokinese erbracht, doch gelten diese Analysen als sehr umstritten. Die auf diese Weise "belegten" Phänomene sind weder steuer- noch trainierbar und werden durch veränderte Bewusstseinszustände wie Entspannung, Hypnose oder Meditation begünstigt. Es erscheint ferner so, dass sie weniger von räumlichen oder zeitlichen Distanzen als vielmehr von psychologischen Faktoren wie Persönlichkeitsmerkmalen abhängen. Zwar lassen sich nach Auffassung der Parapsychologie begünstigende Faktoren wie die zuvor genannten feststellen, jedoch lassen sich derzeit keine Bedingungen nachweisen, die die Effekte auslösen könnten, was dazu führt, dass viele der dahingehenden Experimente nur sehr begrenzt miteinander vergleichbar sind. Auch die vorstehend beschriebenen Experimente mit Zufallsgeneratoren im Bereich der Psychokinese zeigen zwar statistisch konstante, aber nur sehr geringe Effekte. Es gibt verschiedene Theorien, aber nur wenige belegbare Daten. Das wesentliche Problem ist die Flüchtigkeit der Experimente. Bestimmte Experimentatoren haben größere Erfolge als andere. Dies wird mit Modellen erklärt, die den Theorien der Quantenphysik nahe kommen: Psi-Effekte gelten demnach als nicht-lokale Korrelationen zwischen quantenmechanischen Fluktuationen und einem psychisch disponierten System, welches der Beobachter darstellt. Vereinfacht gesagt: In der Quantenphysik geht man davon aus, dass allein durch die Beobachtung bestimmter Zustände die Zustände selbst verändert werden. Dies wird hier auf den Beobachter bzw. Experimentator übertragen: Allein durch seine Beobachtung werden Psi-Phänomene verändert. Damit versucht man die aus dem statistischen Material deutlich werdende Abhängigkeit der beobachtbaren Psi-Phänomene von den Experimentatoren zu erklären. Dies sind derzeit jedoch nur Theorien, die sich gegenwärtig auch nach jahrzehntelanger Forschung auf diesem Gebiet nicht beweisen lassen.

Mit diesen Theorien gibt es ein weiteres Problem: Sie widersprechen teilweise den Erkenntnissen aus Jahrhunderten wissenschaftlicher Forschung oder beschreiben multidimensionale Räume mit so vielen Fehlern oder Ungenauigkeiten, dass sie von "seriösen" Wissenschaftlern nicht ernst genommen werden. Ein Beispiel dafür ist die Theorie der "Pragmatischen Information" von Walter von Lucadou, die wegen der Tatsache, dass sich die von ihr beschriebenen Effekte wissenschaftlich nicht erforschen und damit nicht beweisen lassen, in der Kritik steht.

Diese Theorie nimmt eine "organisierte Geschlossenheit" des menschlichen Bewusstseins mit Objekten seiner Umwelt an, in der sich dann die bestehenden Spannungen auf unbewusste Weise "entladen", was sich in Spukerscheinungen äußert. Einige parapsychologische Forscher haben daraus eine "Generalisierte Quantentheorie" entwickelt, die mithilfe der aus der Quantenphysik bekannte Raum- und Zeitlosigkeit von Quanteneffekten spirituelle und Psi-Effekte erklären will.

Die Parapsychologie versucht derzeit, sich von okkultistischen und esoterischen Bewegungen abzugrenzen, die gerade im Zuge der eingangs genannten New-Age-Bewegung die westliche Welt überschwemmen. Man ist bemüht, sich durch Seriosität und methodische Genauigkeit von diesen spirituellen und spiritistischen Bewegungen zu unterscheiden. Dennoch: Derzeit gibt es mehr Hypothesen als genaue Daten. Dies war auch der Grund dafür, dass selbst der CIA im Jahre 1995 seine paranormalen Forschungen einstellte. Der Nutzen wog den Aufwand nicht auf. Die gelieferten Daten waren zu ungenau; einzelnen Erfolgen standen schier endlose Serien von Fehlversuchen gegenüber. Und dabei ging es nicht einmal um die Erklärung, wie und warum die Experimente funktionieren sollten, sondern es ging nur um deren Ergebnisse, insbesondere um Spionage auf sowjetischem bzw. später russischem Gebiet und das Auffinden von Geiseln. Doch auch hier gab es fast keine verwertbaren Daten; die statistische Relevanz der Erfolge lag nur knapp über dem Zufallswert.

Fraglich ist auch die Qualität der Experimente an sich. Von den "klassischen" Wissenschaften wird zwar anerkannt, dass bei der Organisation und Durchführung der Experimente wissenschaftliche Standards eingehalten werden, dass jedoch das ganze Feld der Parapsychologie mehr auf dem Glauben an die Existenz dieser Phänomene als auf der Suche nach wissenschaftlichen Erkenntnissen und deren Ergebnissen basiert. Ein immer wieder laut werdender Kritikpunkt ist der, dass scheinbar erfolgreich verlaufende Experimente oft auf Ungenauigkeiten in der Durchführung, schlecht ausgebildeten Experimentatoren und methodischen Fehlern basieren, was auch bei den Experimenten von Joseph B. Rhine der Fall gewesen ist.

Die Reinkarnationsforschung geriet aufgrund methodischer Fehler ebenfalls in die Kritik, da die Befragungsmethoden in vielen Fällen nicht geeignet waren, eigene, unbewusste Suggestionen durch den Fragesteller zu erkennen und zu vermeiden.

Die in der parapsychologischen Forschung durchgeführten Meta-Analysen stehen in der Kritik, weil in vielen Fällen offenbar nur die erfolgreichsten Experimente ausgewertet werden und nicht alle durchgeführten Versuche, egal welches Ergebnis sie hatten. Der Vorwurf lautet hier "selektives Publizieren"; es werden demnach nur positive bzw. erfolgreiche Studien veröffentlicht und negative bzw. ergebnisneutrale Studien nicht veröffentlicht. Diese Praxis wurde auch schon in der Medizin beobachtet. Meta-Analysen sind eine statistische Methode, um die Ergebnisse vieler Studien zusammenzufassen und daraus deren Gesamtsignifikanz zu ermitteln, die größer als die Signifikanz der einzelnen Studien sein kann. Die Aussagekraft von Metaanalysen hängt von der Systematik der Studiensuche, deren Auswahl sowie der Kategorisierung verschiedener Studienmerkmale ab. Es versteht sich daher von selbst, dass die Ergebnisse dieser Analysen verfälscht werden, wenn nur erfolgreiche Studien ausgewertet werden.

Da dieses Lexikon bemüht ist, möglichst alle Bereiche psychologischer Forschung und Erkenntnisse abzudecken, werden wir Ihnen auch Beiträge aus dem Bereich der Parapsychologie als einer Grenzwissenschaft der Psychologie (so man ihr denn den Rang einer "Wissenschaft" zuerkennen möchte) zu präsentieren. Dabei muss jedoch immer bedacht werden, dass auch teilweise sehr spektakuläre Einzelfälle eben nur Einzelfälle sind und die Qualität der existierenden Belege für diese Phänomene noch immer ausgesprochen dürftig ist.

Remote Viewing (Fernwahrnehmung, Astralreise, Astralprojektion, Hyperraum)

Hierbei handelt es sich um die höchst umstrittene Fähigkeit, Personen, Orte, Gegenstände oder Ereignisse allein durch eine Art Bewusstseinserweiterung ohne unmittelbaren Kontakt und selbst über große Distanzen wahrnehmen zu können. Die Theorie ist, dass die als "Viewer" ("Seher", "Beobachter" oder "Wahrnehmende") bezeichneten Personen allein durch die Kraft ihres Bewusstseins jeden beliebigen Ort auf der Erde, jeden beliebigen Menschen und jedes beliebige Ereignis besuchen, beobachten und detaillierte Auskünfte dazu geben können. Dabei wird sogar von der Möglichkeit berichtet, in das Bewusstsein der Zielperson eindringen und Informationen daraus extrahieren zu können. Und dies gilt nicht nur für die Gegenwart, denn theoretisch können Fernwahrnehmungen unabhängig von Zeit und Raum auch in der Vergangenheit oder gar in der Zukunft stattfinden.

Im Bereich der Esoterik ist dieses Phänomen als "Astralreise" bzw. "Astralprojektion" bekannt; im Sinne der hier verwendeten Begriffe "Remote Viewing" bzw. "Fernwahrnehmung" ist es Forschungsgegenstand der Parapsychologie.

Der Mensch als höherdimensionales Wesen

Um die Theorie hinter der Fernwahrnehmung zu verstehen, muss man den Boden der gesicherten Wissenschaften verlassen, denn auf physischem, naturwissenschaftlich erklärbarem Wege ist das Phänomen der Fernwahrnehmung nicht nachvollziehbar.

Die Befürworter des Remote Viewing gehen davon aus, dass der Mensch eine physische und eine höherdimensionale Komponente besitzt, die in der Esoterik als "Seele" (nicht zu verwechseln mit dem Seelenbegriff in der Psychologie) und von einigen Befürwortern des Remote Viewing aus dem englischsprachigen Raum als "Subraumkomponente" ("Subspace Component") bezeichnet wird. Der aus dem Science Fiction-Bereich stammende Begriff "Subraum" (Subspace) drückt dasselbe wie der in Deutschland häufiger verwendete Begriff "Hyperraum" aus: Es handelt sich dabei um einen höherdimensionalen Raum, der im Vergleich zu einem dreidimensionalen Raum über zusätzliche Freiheitsgrade verfügt und mit dem dreidimensionalen Raum koexistiert. Es handelt sich beim Hyperraum also um eine Konstruktion, die über das normale Raumkonzept hinausgeht.

Der Begriff Hyperraum wiederum stammt nicht aus der Science Fiction, sondern wurde erstmals in der zweiten Hälfte des 19. Jahrhunderts verwendet, als in der Mathematik abstrakte Raumbegriffe aufkamen, welche über den dreidimensionalen Anschauungsraum hinausgingen.

Nach der Auffassung der Remote Viewing-Befürworter liefert der dreidimensionale Raum bzw. das vierdimensionale Universum den menschlichen Körper, dem sich eine höherdimensionale Komponente hinzugesellt. Esoterisch gesehen inkarniert die Seele in den Körper. Dieser Körper wiederum bringt durch seine genetische Konstruktion zahlreiche Einschränkungen mit sich, da diese auf die Wahrnehmung der drei Dimensionen des Raumes ausgelegt und begrenzt ist und keine darüber hinausgehende Wahrnehmung zulässt. Nach dieser Auffassung sind Raum und Zeit im vierdimensionalen Universum eine reine Illusion, die durch die Funktionsweise der menschlichen Sinne erzeugt und vom Menschen fälschlicherweise für die Realität gehalten wird. Diese Illusion kann jedoch zumindest zu einem gewissen Teil überwunden werden - durch Training bestimmter Eigenschaften des Geistes (der Subraum-Komponente des Menschen bzw. im esoterischen Sinne ein Training der "Seelenkräfte").

Sind Fernwahrnehmungen erlernbar

Die Befürworter des Remote Viewing gehen davon aus, dass jeder psychisch gesunde Mensch die Fähigkeit für Fernwahrnehmungen besitzt. Er hat sie sich in seiner durch das vierdimensionale Universum begrenzten Sichtweise nur noch nicht erschlossen. Es bedarf also nicht der Fähigkeiten besonders veranlagter Medien, sondern vielmehr kann nach dieser Auffassung jeder Mensch diese Fähigkeit durch Kurse oder durch Selbststudium erlernen. So haben sich beispielsweise in Deutschland und in den USA diverse Institute gebildet, die sich mit der Ausbildung von Fernwahrnehmern befassen. Eines der international wohl bekanntesten Institute dieser Art ist das US-amerikanische "Farsight Institute", gegründet durch Prof. Courtney Brown von der Emory-University in Georgia, USA im Jahre 1995. In Deutschland existieren hingegen keine international etablierten Institute mit dieser Spezialisierung; hier gibt es eher eine Vielzahl kleinerer Anbieter.

Die Geschichte des Remote Viewing

Es lässt sich nicht genau zurückverfolgen, wann die Geschichte von Fernwahrnehmungen begann. Prof. Courtney Brown ist in seinem im Jahre 1996 erschienenen Buch "Cosmic Voyage" der Auffassung, dass bereits die seherischen Fähigkeiten biblischer und vorbiblischer Propheten auf Remote Viewing beruhen.

Wikipedia schreibt zur Geschichte des Remote Viewings unter anderem das Folgende:

"Es gab immer wieder Berichte über Menschen, die angeblich Geschehnisse in der Ferne richtig angaben. Dabei mögen die Perzipienten (etwa Emanuel Swedenborg) persönlich involviert gewesen sein oder durch Bande der Verwandtschaft telepathisch vom Tod eines Verwandten Kenntnis bekommen haben (die sogenannten „Crisis apparitions", die sich durch körperliche Symptome oder Halluzinationen äußern können). Erste Free-Response-Versuche unternahmen A. W. Thaw (1892), Upton Sinclair (1930; zusammen mit seiner Frau, die sich in einem Nebenzimmer auf Objekte konzentrierte, worauf Sinclair seine Eindrücke aufzeichnete) und René Warcollier (1938).

Systematisch wurde die Fernwahrnehmung indessen erst von den US-Amerikanern untersucht. 1970 startete das Stanford Research Institute (SRI) in Menlo Park (Bundesstaat Kalifornien), das der

Universität Stanford angeschlossen war, Versuche mit einem Team angeblich begabter Medien. Gegründet hatte das Projekt der amerikanische Physiker Harold Puthoff, dem sich sein Kollege Russell Targ anschloss. Aus den Versuchen entstand das sogenannte Coordinate Remote Viewing, das zusammen mit den daraus entstandenen Variationen im Deutschen heute generell als "Remote Viewing" bezeichnet wird.

Von 1973 bis 1988 wurde intensiv experimentiert. Dann übernahm (1990) die Science Applications International Corporation (SAIC) in Palo Alto (Kalifornien) das Programm. Deren Leiter war Edwin May.

Seit 1970 wurde das Remote-Viewing-Projekt von amerikanischen Bundesbehörden – darunter die Armee, die Marine, die NASA und der Geheimdienst CIA – finanziell unterstützt, da man Anfang der siebziger Jahre eine „Psi-Lücke" (Psychic gap) gegenüber der Sowjetunion festzustellen glaubte. Die aus sechs Medien bestehende Gruppe arbeitete isoliert an militärischen Projekten. Sie versuchte z. B. Atomraketen, geheime Militärgelände und unterirdische Stationen zu entdecken. Ende der siebziger Jahre sprang die Defense Intelligence Agency (DIA) für die CIA ein und gab dem Projekt den Codenamen Stargate. 1989 wurde das Programm zunächst für geheim erklärt, bis man ihm 1995 die Unterstützung entzog. In 24 Jahren hatte die Regierung die Aktivitäten der kleinen Gruppe mit insgesamt 20 Millionen Dollar unterstützt. Die offizielle Begründung für die Einstellung von Stargate lautete, die Arbeit der Gruppe habe nicht viel gebracht.

Auch an der Princeton-Universität wurden Fernwahrnehmungsexperimente betrieben, mit der Spielart „präkognitiv". Robert Jahn leitete das PEAR (Princeton Engineering Anomalies Research) und legte 1987 in den USA mit dem Buch „Margins of Reality" einen theoretisch fundierten Bericht vor. Eine weitere Grundlage waren die Ganzfeld-Versuche von Charles Honorton aus Edinburgh. Bei diesen Versuchen sollten sensorisch abgeschirmte Versuchspersonen im Labor aufskizzieren, was sie von dem gesehen hatten, was Agenten in einem Nebenraum an Videoclips oder Bildern betrachteten. Dies war einer der erfolgreichsten Versuchsansätze der Parapsychologie der vergangenen Jahrzehnte.

Auch das Freiburger „Institut für Grenzgebiete der Psychologie und Psychohygiene" stellte einen Versuch an, bei dem der Agent (Elmar Gruber) sich in Rom aufhielt und die Perzipientin (Marilyn Schlitz) in Minnesotaihre Eindrücke niederschrieb. Der Bericht über die erfolgreichen Versuche wurde im Dezember 1980 veröffentlicht." (Dies geschah in: Elmar Gruber, Marilyn Schlitz: Transcontinental Remote Viewing. In: Journal of Parapsychology, Volume 44, Nr. 4, Dezember 1980, S. 306-317.).

Erklärungsversuche

Die Erklärungssuche der Befürworter erstrecken sich in verschiedene Bereiche; insbesondere nutzt man Modelle aus der Psychologie, der Quantenphysik und der Parapsychologie. Im psychologischen Bereich zieht man etwa das von C. G. Jung eingeführte "kollektive Unbewusste" (welches allerdings im Gegensatz zu Jungs Theorie als eine Art unbewusster Informationsnexus verstanden wird, mit dem alle Menschen jederzeit verbunden sind wie eine Art "unsichtbares Internet") oder Teile der Theorien Freuds heran, nach dessen Auffassung der "psychische Apparat" des Menschen in das Bewusste, das Vorbewusste und das Unbewusste aufgeteilt ist, wonach die Ergebnisse des Remote Viewing aus dem Unbewussten stammen. Im esoterischen Sinne wird gern die "Akasha-Chronik" als Erklärungsansatz bemüht, bei der es sich um eine Art "astralen Film" handelt, dem sämtliche jemals geschehenen oder geschehen werdenden Ereignisse aus Vergangenheit, Gegenwart und Zukunft aufgeprägt sind. Das Remote Viewing wird dabei als das "Abtauchen" in diese Informationssphäre verstanden, was durch eine Art meditativen Zustand erreicht wird. Die Informationen strömen nach diesem Ansatz dann auf die Seele ein und sofortiges Niederschreiben der auf diese Weise erhaltenen Informationen schafft gewissermaßen Platz für neue, die dann "nachrutschen" können. Man taucht also ständig in diese Informationssphäre ab und wieder auf. Sofortiges Aufschreiben wird auch deshalb als notwendig angesehen, damit der Verstand und die Fantasie das Erhaltene nicht interpretieren und damit verfälschen. Vielmehr soll die möglichst unverfälschte Roh-Information erhalten bleiben. Die Informationen gehen als Eingebungen bzw. als Inspirationen ein, was nach Auffassung der Befürworter darauf basiert, dass das beobachtete Ziel ("Target") genannt, Antworten gibt.

Die Technik des Remote Viewing

"Die nicht-lineare Natur des Bewusstseins ermöglicht es, weit entfernte Orte und Zeiten zu sehen, ohne irgendwo hingehen zu müssen." - Dr. Steven Greer.

Um eines vorweg zu sagen: Wie auch immer man zu diesem Thema steht, den Vorwurf der Nachlässigkeit oder gar bewussten Scharlatanerie kann man den Befürwortern des Remote Viewing nicht generell machen. Es mag - wie in allen Bereichen des Lebens - solche Menschen bzw. Anbieter geben; die Recherchen zu diesem Artikel ergaben jedoch eine große Anzahl von Ansätzen, die mit Ernsthaftigkeit und durchdachter Methodik bemüht sind, wiederholbare und seriöse Ergebnisse zu erzielen. Über die Frage der tatsächlichen Nachvollziehbarkeit und objektiven Überprüfbarkeit der Ergebnisse wird an anderer Stelle dieses Artikels noch zu handeln sein; zum jetzigen Zeitpunkt lässt sich jedenfalls festhalten, dass es in den Reihen der Befürworter des Remote Viewing ernsthafte Bestrebungen gibt, sich mit diesem Thema auseinanderzusetzen und Erklärungen für das Phänomen zu finden.

Die Befürworter des Remote Viewing gehen idealerweise von einer Sitzung mit mindestens zwei Beteiligten aus: einem Bobachter oder Überwacher (bzw. "Monitor" oder "Interviewer") und einem "Viewer". Der Überwacher übernimmt dabei die Leitungsfunktion: Er führt den Viewer durch die Sitzung, überwacht dessen Zustand und kontrolliert die Einhaltung der Protokolle. Man sieht es als ideal an, wenn der Monitor psychologisch geschult ist und den Viewer beim Auftauchen von Problemen entsprechend anleiten kann. Es können auch größere Gruppen gebildet werden, in denen sich mehrere Viewer mit demselben Ziel ("Target") beschäftigen; auch können Monitor und Viewer während solcher Sitzungen die Rollen tauschen.

Bereits an dieser Stelle legen die Befürworter Wert auf die Einhaltung eines Protokolls, denn man will - unabhängig von aller äußeren Kritik - brauchbare Ergebnisse erzielen und Manipulationen ausschließen. Aus diesem Grunde werden Sitzungen überwiegend im "Doppelblind-Modus" durchgeführt. Doppelblind bedeutet, dass weder Monitor noch Viewer das Target kennen (was natürlich besonderen Sinn macht, wenn sie während einer Sitzung ("Session") die Rollen tauschen). Die Absicht hinter der Doppelblind-Praxis liegt darin, dass der Viewer ohne Kenntnis des Ziels nur wenig eigene Fantasie und Interpretation einbringen kann. Kennt der

Monitor das Ziel nicht, kann er den Viewer nicht mit suggestiven Fragen unbewusst auf ein von ihm gewolltes Ergebnis hinführen.

Vor der Sitzung wird zunächst ein Ziel ("Target") festgelegt. Das Ziel der Sitzung ist die Erlangung von Informationen über dieses Ziel. Das Target wird im angestrebten Idealfall ohne Beteiligung von Monitor und Viewer festgelegt, die auch in der Sitzung keinerlei Informationen darüber erhalten. Dies ist das klassische "Doppelblind-Setting". Kennt der Monitor das Target, ist nur der Viewer "blind". Kennt der Viewer das Target, wird von einem "vorbelasteten" bzw. einem "Front-loaded-Setting" gesprochen. Dieses Setting erfordert vom Viewer ein hohes Maß an geistiger Disziplin, Konzentration und Übung. Der Viewer muss dabei seinen verstand unter Kontrolle haben, damit dieser nicht Ideen und Interpretationen liefert, die die Roh-Daten verfälschen können. Befürworter sehen es als notwendig an, dass sich der Viewer insbesondere vor Beginn einer "Front-loaded"-Session Entspannungsübungen oder einer Meditation unterzieht, um Kontrolle über seinen Verstand zu erlangen.

Es wird als notwendig angesehen, dass das Target nicht langweilig, sondern möglichst interessant sein sollte. Auch sollte das Ziel real existieren und nicht etwa, beispielsweise bei einer Fotomontage als Target, künstlich erschaffen worden sein. Werden bei einem Target Fantasie und Realität vermischt, kann sich dies auf die Session auswirken, da der Viewer in Bezug auf die nicht realen Aspekte des Ziels unsinnige Daten ermitteln wird. Nach der befürwortenden Auffassung sollte ein geübter Viewer in der Lage sein, Fälschungen als solche zu enttarnen.

Auch die Formulierung des Ziels spielt eine wichtige Rolle. Missverständlich oder zu allgemein formulierte Targets führen zu falschen oder verzerrten Ergebnissen, weil sich durch unklare Formulierungen ein Interpretationsrahmen eröffnet, der zu einer größeren Vielfalt an Möglichkeiten zur Beschreibung des Targets führt.

Die Beschreibung des Targets sollte nach Meinung der Befürworter auf einem leeren Blatt Papier erfolgen, auf dessen Rückseite sich ebenfalls nichts befinden darf. Nach dieser Auffassung sollte auch kein Papier genutzt werden, welches von bereits beschrifteten Dokumenten abgerissen wurde. Die Information, die sich auf dem ursprünglichen Dokument befand, kann nach dieser Auffassung immer noch mit dem vermeintlich leeren, abgerissenen Papierstück in einer Beziehung stehen und auf dem abgerissenen Stück Spuren hinterlassen haben. So sollten nach dieser Meinung also auch keine aus einem Notizblock herausgerissene leere Seiten oder leere Seiten bzw. Blätter aus einem Tagebuch verwendet werden.

Die Targets sollen dann in neutrale, also weiße, Umschläge gesteckt werden. Diese werden dann mit der Target-ID beschriftet, die nach der Auffassung der Befürworter idealerweise nicht aus einer Kurzbeschreibung oder einem Titel, sondern aus einer Zifferfolge besteht, wobei es sich typischerwese um eine Folge aus drei Zifferngruppen handelt, die durch Bindestriche getrennt sind. Auf diese Weise kann jedem Target eine eindeutige Identifikationsnummer zugeordnet werden. Das Target wird mit dieser Nummer verknüpft, sodass man auch während der Beschriftung des Umschlages an nichts anderes als an das Target denken sollte. Hier zieht man zur Erklärung - etwas unwissenschaftlich - die Quantenphysik heran. Die Verknüpfung des Targets mit der ID-Nummer führt demnach zu einer Verschränkung von "Informationsquanten". Denkt man bei der Beschriftung des Umschlags nun an etwas anderes, könnte nach dieser Ansicht der Viewer während der Session darauf stoßen und dadurch abgelenkt werden. Um Doppelblindheit sicherstellen zu können, werden in der Regel so genannte "Target-Pools" gebildet. Dabei werden mehrere Targets definiert und mit Target-IDs versehen. In der Regel sind Target-Pools thematisch vorsortiert. Für eine Session wird aus diesem Target-Pool dann ein zufälliges ausgewählt. Bei mehreren Target-Pools (also mehreren Themenbereichen, in denen geviewt werden soll) kann ein passender gewählt und aus diesem ein Target ausgesucht werden. Um keine ungewollte "Informationsquantenverschränkung" zu riskieren, sollen nach dieser Auffassung die verschiedenen Umschläge eines Pools keinesfalls aufeinander, sondern im Idealfall getrennt von einander aufbewahrt werden.

Die Befürworter sehen es als wichtig an, dass das Target gewissermaßen zum Viewer "passt", der mit dem Target Kontakt aufnimmt. Nach dieser Auffassung "sendet" das Target die Informationen. Das Target wird also nicht nur passiv beobachtet, sondern sendet nach dieser Meinung aktiv Informationen aus, also auch Gefühle. Der Viewer wiederum reagiert auch selbst mit Gefühlen auf das Target. Um den Viewer nicht in eine problematische Situation zu bringen, werden vor der Sitzung im Idealfall bestimmte Themenbereiche ausgeschlossen. Dem Viewer können auch die mit der jeweiligen Target-ID versehenen Umschläge vorgelegt werden, damit er intuitiv eine Vorauswahl treffen kann.

Nach der Sitzung sollte sich etwas anschließen, was als "Detoxing", was soviel wie "Entgiftung" bedeutet, bezeichnet wird. Ein Viewer kann sich nach Auffassung der Befürworter in ein Target "verstricken", also eine Bindung an das Target entwickeln, die über die Session hinausgeht. Das Detoxing, welches in einem individuellen Ritual bestehen kann, wird idealerweise unmittelbar nach der Session angewandt, um jegliche Verstrickung mit dem Target zu trennen.

Vor der Session wird von den Befürwortern empfohlen, mit Entspannungstechniken wie Meditation oder autogenem Training die

Wahrnehmung der eigenen Intuition zu stärken und zwar auch dann, wenn der Viewer nicht "Frontloaded" arbeitet. Dabei soll auch etwaiger Druck abgebaut werden (beispielsweise eigene Erwartungshaltungen an die Session), der das Ergebnis verfälschen könnte. In diesem Zusammenhang werden auch Binaurale Beats empfohlen, um die Zusammenarbeit beider Hirnhälften zu intensivieren. Auch wird vom Konsum berauschender oder auf das Bewusstsein allgemein einwirkender Substanzen vor einer Session abgeraten. Die Befürworter empfehlen auch, nur in einer ausgeglichenen mentalen Verfassung in eine Sitzung zu gehen. Man achtet ebenfalls auf eine Umgebung, die nach Möglichkeit keine Störungen zulässt (Telefone sind abgeschaltet, Radio und Fernseher sind aus, im Idealfall ist kein Verkehrslärm zu hören etc.).

Fraglich ist nun, wie der Viewer bei einem nur mit einer Target-ID bezeichneten Umschlag ohne Kenntnis des Ziels dieses erreicht. Man geht hier davon aus, dass die "höherdimensionale Komponente" des Menschen die Target-ID dem Target zuordnen kann. Das elektrochemische Gehirn kann mit der Target-ID nichts anfangen; die höherdimensionale Komponente, deren Wahrnehmungsmöglichkeiten nach der befürwortenden Auffassung jedoch weit darüber hinaus gehen, kann die Target-ID dem dem Viewer bewusst unbekannten Ziel zuordnen und das Target ansprechen. Nach dieser Meinung produzieren doppelblinde Sitzungen sogar die besten Ergebnisse.

Eine Remote-Viewing-Sitzung gliedert sich üblicherweise in mehrere Stufen, die in einem von der Stanford-Universität entwickelten Protokoll (SRI; Stanford Research Institute) festgelegt sind. Jede Stufe ermöglicht demnach eine immer größere Differenziertheit der Target-Informationen. Die erste Stufe dient der reinen Kontaktaufnahme. In der zweiten Stufe werden darauf aufbauend weitere Daten gesammelt, die dann in den Stufen 3 bis 6 weiter weiter ausgebaut und verfeinert werden. Je höher die Stufe, desto detaillierter sollen die Daten werden, die man über das jeweilige Target sammelt. Dabei soll bereits die dritte Stufe so genaue Daten liefern können, dass man das (im vorstehend beschriebenen Idealfall) unbekannte Ziel bereits benennen kann, was jedoch nach der befürwortenden Meinung bei geübteren Viewern auch schon bei früheren Stufen möglich sein soll. Es kommt scheinbar darauf an, wann der Viewer einen Versenkungszustand erreicht der tief genug ist, um den Verstand und seine Interpretationen beiseite zu schieben. Das SRI-Protokoll unterscheidet die Stufen wie folgt:

Produktion des Ideogramms (Zeichen der Signallinie) und erste Kontaktaufnahme mit dem Target, Sammlung sensorischer Eindrücke aus dem Zielgebiet, was alle 5 Sinne betrifft,

Zeichnung des Targets (zunächst noch in Form einer groben Skizze), qualitative und quantitative Beurteilung kennzeichnender Aspekte des Zielgebietes, Abfragen der im ersten Schritt gezogenen Signallinie sowie Erstellen eines dreidimensionalen Modells.

Über die 6 vorgenannten Stufen hinaus wurden auch noch weitere entwickelt, die jedoch auch unter den Befürwortern umstritten sind. Dabei geht es in der 7. Stufe um weitere Analysen, in der 8. um telepathische Signale, in der 9. um phonetische Signale, in der 10. dann um "Geist über Materie" und in der 11. Stufe schließlich um Änderungen der Dimensionenrealität im Zielgebiet. Auch unter Befürwortern gelten diese Stufen als kaum erforscht und bringen das Risiko mit sich, die Viewer mental zu destabilisieren.
Geister

GeistererscheinungWas für ein Anblick: Die rationale FBI Agentin Scully schrie sich die Seele aus dem Leib, als sie einem der gesuchten Geister gegenüberstand. Es war amüsant anzuschauen wie sie ängstlich nach einer Erklärung für alles suchte. Sogar die zwei Geister Ed (Edward Asner) und Lily (Lily Tomlin) waren ein großartiges Ehepaar, was der Episode etwas einmaliges gab. Natürlich ist es nicht nur eine lustige Episode.
Viele Menschen sahen Geister oder ähnliche Erscheinungen und sie waren sich sicher, daß es keine Einbildung war. Geschichten über Kontakte mit den Seelen der Toten sind alle irgendwie ähnlich.

Augenzeugen sahen eine weiße, transparente Gestalt die ihren Beobachter nicht bemerkte. Es passiert nicht sehr oft, daß ein Geist eine Person direkt kontaktiert ohne einen Einfluß wie durch eine Seance.

In anderen Fällen sind Geister eine Störung für die Lebenden. Sie klopfen an Türen, Wände und andere Dinge oder sie bewegen Schränke, Betten oder kleinere Sachen wie Bücher. Dieser Radau Gesichter im Steinwird hauptsächlich Poltergeistern zugeschrieben. Sie sind meist harmlos und manchmal machen sie sich auch mit gutem Grund auf sich aufmerksam. Ein Grund ist z.B. das Poltergeister nicht gestört werden wollen. 1971 erschienen Gesichter auf dem Fußboden in einem Raum eines Hauses in Belmez, Spanien. Als Señora Maria Pereira, eine Hausbewohnerin, die erste Fratze am Boden fand, ließ sie ihren Sohn den Teil aus dem Steinboden zerschlagen, doch es erschienen mit der Zeit immer mehr Gesichter. Sogar das Aussehen der Fratzen veränderte sich. Einige von ihnen bekamen einen wütenden, aggressiven Gesichtsausdruck weswegen die Einwohner sie abdeckten. Darunter prägten sich weiterhin die Gesichtszüge durch das Laken hindurch. Einige davon wurden aus dem Boden herausgeschnitten und anderen Leuten vorgeführt. Nachdem man eine Ausgrabung an dieser Stelle durchführte, fand man menschliche Überreste darunter. Anscheinend war am selben Ort einmal ein Friedhof. Das rechte Bild zeigt eines dieser steinernen Gesichter und wenn man sich bewußt macht, daß sie sich sogar bewegt hatten, würde man keinen Fuß mehr in diesen Raum setzen wollen.

Banshee Geister und andere Legenden kennt man hauptsächlich aus Britannien. Dort hört man von vielen Geschichten über besondere Geister. Ein Banshee ist ein irischer Geist der schreckliche Schreie von sich gibt. Wer den Schrei dieser Todesfee hört, war sich sicher, daß ein Bekannter bald sterben würde. Die Opfer selbst hörten nie den Klageschrei. Ebenso sieht man diese Fee nie. Trotzdem soll es Leute gegeben haben, die diese als grüne, weibliche Erscheinung beschrieben haben, die durch die Luft schweben konnte. Ein Bäckermeister in Irland hörte eine Nacht einen dumpfen Schrei, der langsam immer schriller wurde und durch Mark und Bein ging. Am nächsten Tag hörte er, daß einer seiner Angestellten letzte Nacht starb. War das ein Todesomen? Ein Soldat auf einer Brücke ist ebenfalls ein Todesomen, das zu Kriegszeiten oft gesehen wurde. Gibt es auch einen Zusammenhang zwischen den Lebenden und den Toten?

Ein britischer Aberglaube wurde sogar bis nach Amerika eingeschifft: Der schwarze Hund. In England glaubte man, daß der erste Tode auf einem neuen Friedhof zurückkehren und verdammt sein wird den Friedhof bis in alle Ewigkeit zu bewachen. Viele Jahrhunderte lang töteten Einwohner einen großen Hund und vergruben den Leichnam als erstes auf dem neuen Friedhof. Der Geist des Hundes ist nun der Wächter aller zukünftigen Gräber. Er scheint auch ein Beschützer der Lebenden zu sein. Am Anfang des 19 Jahrhunderts war eine Frau aus Mittelengland auf dem Weg nach Hause, als ein großer, schwarzer Hund auf sie zukam. Sie hatte vor dem riesigen Tier Angst, aber das war nicht von Dauer. Eine Gruppe betrunkener Arbeiter gingen an der Frau vorbei und erzählten ihr was sie tun würden, wenn sie diesen Hund nicht dabei hätte. Als die Betrunkenen weitergingen hatte sich der Hund in Luft aufgelöst. Es passierte in der Nähe eines Friedhofes. Schwarze Hunde, oder auch Black Dogs genannt, werden immer nahe an Friedhöfe und Kirchen gesehen, manchmal sogar während einer Beerdigung. An der Tür der Kirche in Blythburgh, Suffolk kann man Kratzer eines großen Tieres erkennen. Es gibt einige Gerüchte über einen Geisterhund der versuchte in die Kirche zu gelangen. Tiergeister selbst wurden auch schon oft gesehen.

eine ängstliche ScullyWenn jemand den Schlaf der Toten stört könne ihren Zorn auf sich ziehen. Das Beispiel mit den Gesichtern ist relativ harmlos verglichen mit den Handlungen eines Poltergeists. Zwar wurde oben erwähnt, daß Poltergeister meist harmlos sind, doch nicht immer sind sie friedlich wie zuerst gedacht. Die 12 Jahre alte Eleonore Zugun aus Rumänien wurde von einem Poltergeist mehr als einmal verletzt. Der Geist biss und kratzte sie wobei die Verletzungen plötzlich aus dem Nichts in ihrem Gesicht und auf ihrem Körper auftauchten. Geisterjäger Harry Price untersuchte das Mädchen und sogar während seiner Beobachtungen tauchten

Bissspuren und Kratzer auf. Eine Untersuchung der zurückgebliebenen Speichelreste zeigte, daß es weder ihre eigene, noch die Speichel eines Familienmitgliedes war. Einmal erschien sogar eine Wunde in Form eines Textes. Verletzte sie ein Geist vielleicht aus Rache, weil er gestört wurde? Die Wissenschaftler sind sich sicher, daß die meisten Geisterfälle nur eine Form von Psychokinese sind. Es gab mal einen Test mit ehemaligen Soldaten. Während der Hypnose erzählte man ihnen, daß sie eine Verbrennung an ihrem linken Arm hätten. Nach ein paar Minuten konnte man bei einigen wirklich eine Brandwunde erkennen. Es gab zwei Erklärungen: Mit Hilfe von Hypnose können einige Menschen eine Art Psychokinese entwickeln und man suggerierte ihnen Verletzungen, die wenig später dann auch auftauchten. Also haben sie sich selbst Schaden zugefügt. Die Zweite ist, daß es eine alte Wunde war, welche wieder hervorkam. Nur waren es viele Soldaten und alle mit einer Verbrennung am linken Arm. Es ist genauso seltsam wie die Geistergeschichten.

Mulder und Scully's Leichen

Bekannte Fälle von Geistererscheinungen passierten im Weißen Haus und die meisten handeln über Abraham Lincoln. Als Lincoln Präsident war, nahm seine Frau an einigen Seancen teil. Es gibt Gerüchte, das sogar Lincoln an Seancen teilnahm um Kontakt mit seinen toten Sohn William aufzubauen. Nach Abraham Lincolns Ableben wurde er oft als Geist im

Weißen Haus gesehen. Queen Wilhelmina von Niederlanden hörte Schritte im Weißen Haus. Nachdem jemand an ihre Tür klopfte, öffnetete sie diese und sah Abraham Lincoln direkt vor ihren Augen stehen. Sogar die Präsidenten Eisenhauer und Truman fühlten zu ihrer Amtszeit seine Gegenwart. In den 80ern sah Reagans Tochter Lincoln, als er plötzlich in ihrem Raum erschien.

Wahrheit oder Einbildung? Geister sind in den Filmen schreckliche Monster aber im richtigen Leben sind sie um einiges gespenstischer. Unsere Neugier wird groß, wenn wir von ihnen hören. Vielleicht geben Geister uns einen kleinen Vorgeschmack auf das Leben nach dem Tod. Vielleicht sind sie auch gar nicht so selten wie wir denken. Es könnte doch sein, daß direkt hinter euch schon eine Hand nach euren Schultern greift...

Quelle: Es ist Material von www.wikipedia.de enthalten (teilweise überarbeitet). Weitere Quelle: Krippner, S. (1977-1997). (Ed.). Advances in parapsychological research, vols. I-VIII. New York: Plenum Press 1977-1982; Jefferson, NC & London: McFarland 1984-1997.